百万石ブランドの源流

モダンから見た伝統文化

本康 宏史

これは近代史の側からいえば、近世都市史研究の成果に学びながら、一九〜二〇世紀における都市社会の構造と変容にせまろうとする動きであり、近世史の側に立てば、近代都市の歴史的条件を、その基盤に探る視点でもありましょう。こうした研究動向の背景には、近世・近代それぞれの都市史研究の進展があり、とくに都市社会史の成果をふまえ、都市空間と社会階層の在りようを考察する中で、断絶より継承、あるいは、近世―近代都市の一体的な把握が試みられているものと思われます。

一方、近年の歴史学研究では、近代日本における「歴史意識」の形成とその役割、さらに地域統合との関係について強い関心が寄せられています。その点でも本書が、社会・文化史を中心とした、近年の新たな都市史研究の一環として位置づけられれば望外の喜びです。

以上をふまえて、本書では、とりわけ「伝統文化」をイメージする「百万石ブランド」が、意外に「モダン」な構造に裏付けられていること、さらに、そのイメージそのものが、地域の近代認識を形づくってきたことを、さまざまなエピソードから具体的に検証します。

なお、本書の構成は、各章、一頁ごとの「リード」文、二本の「論考」（少し長めの解説文・節）、数ページの「コラム」としました。「リード」は、各章のテーマを印象づける短文、「コラム」は、異なる素材や視点から解説を裏付けるエッセイです。それぞれ関連付けて各章の内容を吟味していただければ幸いです。

著　者

目次

装画　北陸東海御巡幸石川県下越中黒部川図
（石川県立歴史博物館所蔵）

第1章　「百万石大名」の明治維新

金沢名所「尾山神社神門の景」（石川県立歴史博物館所蔵）

前田家と尾山神社

尾山神社の神門は、金沢の「文明開化」のシンボルとして知られています（七頁参照）。その尾山神社は、前田利家を祭神として、維新後創建されました。とはいえ、廃藩置県の影響もあって、寄進参拝する者が激減、神社の維持すら困難となりました。主唱者の長谷川準也は、神門を造り神域を荘厳にすることによって参拝者の増加を計ります。依頼を受けた宮大工の津田吉之助《きちのすけ》は、新規な設計と施工に「並々ならぬ苦心」を重ね、一八七五（明治八）年一一月竣工に至りました。

ただ、神門のデザインは、ステンドグラスの映える擬洋風建築ながら、どこか中国風。「神門古来の伝統」を破ったものでした。このため、創建された当時から、「神社にふさわしくない」と非難する声が起こりました。文豪幸田露伴などは、「煉瓦《れんが》細工の龍宮城か」と冷笑しています。こうした批判を受け、神門の改築計画も起こり、一八九五（明治二八）年と九七年には、和風の堂々たる楼門の「新築計画書」も作られました。しかし、度重なる計画も、高額な工事費のため実行に移されず、非難の声はその後も続きます。

こうした状況に終止符が打たれたのは、一九三四（昭和九）年のこと。文部省から派遣された国宝保存会委員の東大名誉教授、関野貞博士が、「この建築は国宝の価値あり」と折り紙を付けたのです。すぐさま神門は「国宝」に指定され、戦後も新たな文化財制度のもと「重要文化財第一号」に。今日では「観光金沢」のシンボルとして聳《そび》えている、というわけです。

※初出「物議を醸しだした尾山神社神門」（『金沢なにコレ一〇〇話』北國新聞社）二〇一三年

I 「百万石大名」から「侯爵」へ

はじめに

「歴史」や「伝統文化」は、観光の大きな要素である。観光地として知られる史跡名勝の多くが、歴史的な背景（＝地域文化）によって成立しているといってもよい。とはいえ、その実態は、歴史的事実そのものより、歴史的な「イメージ」や「記憶」が、観光資源化している場合も少なくない。本章では、とりわけ近世（藩政期）の「記憶」が、明治以降、近代社会における「観光文化」の形成過程でどのような役割を果たしたのか、城下町金沢を中心とする石川県（旧加賀藩域）を事例に、地域社会の歴史的背景や実情にそくした検証を試みてみよう。

金沢は、しばしば「加賀百万石の城下町」と形容されるように、藩政期の遺産を誇り、今なお「伝統的文化都市」のイメージを保つ地方都市である。近年、こうした要素を前提に「世界遺産」への登録をめざした官民の運動も喧《かまびす》しく展開され、伝統的な都市景観の保存など、行政的な施策もそれなりに機能している。一方、加賀友禅・加賀蒔絵・九谷焼・金箔などの美術工芸が盛んな土地柄でもあり、これら金沢の伝統工芸が、「大名文化」としての「百万石文化」「百万石イメージ」を構成する象徴ともなってきた。

しかし、明治以降、近代金沢の歴史をひも解いてみると、「加賀百万石」のイメージは、かならずしも江戸時代と現代を単純に結ぶものではなく、また、その間、平板的に受け継がれてきたものでもないことがうかがえる。むしろ、「百万石」の実態が加賀藩政の終焉とともに崩壊したのちに、さまざまな経緯によって「再生産」されてきたものといえよう。城下町金沢研究の第一人者田中喜男氏は、かつて「いわゆる『百万石文化』と称される武家文化（略）は、良きにつけ悪しきにつけ、今日の金沢文化＝思想、美術工芸、能文化、茶文化、食文化に少なからぬ影響を与えていた」（田中一九八〇、傍点、引用者）と評された。この言に倣《なら》い、「加賀百万石」文化のいわば「光と影」を、これを代表する「観光資源」のいくつかにそくして検証してみることにしよう。

1、明治維新と「加賀百万石」

「百万石」の呼称

加賀藩は、よく知られるように、比類なき「外様《とざま》の大藩」であった。領主前田家の一六六四（寛文四）年の表高は一〇二万五〇二〇石余。のち一八二五（文政八）年の総石高では一三三万石余を擁した、いわゆる「百万石」の大大名である。その城下町金沢は、江戸を除けば、軍役規定上最大の近世都市であった。行論に先立ち、以下、近世から近代にいたる加賀金沢の沿革を簡単に整理しておく。

金沢はしばしば「加賀百万石」の城下町と形容される。加賀藩と城下町金沢の代表的な研究者、蔵並省自氏は、「加賀百万石」について次のように語っている。「「加賀百万石」とひと口にいわれるように、こんにちでは「百万石」は、加賀藩を指す固有名詞のようになっている。石川県を代表する言葉である「朱印高が百万石を越す大名は、三百諸侯といえども前田氏以外は見当らなかったところから、「百万石」は大きな収入を示すと共に、それが加賀藩前田氏を指す言葉となって「加賀百万石」と称されたのである」。同じく田中喜男氏も「「加賀百万石」というタイトルは、「加賀藩」「加賀藩政」より、華麗さと文化性を読者に想起せしめ、(略)歴史都市・美術工芸都市・文化都市と称される今日の金沢の文化的基盤となっている、前田綱紀《つなのり》治政下に確立した美術工芸・学問・図書の蒐集《しゅうしゅう》も欠かすことはできない」とする(蔵並一九六五、田中一九八〇)。すなわち、「加賀百万石」は、加越能三国にわたる莫大な所領、加賀藩＝前田家の財力、さらに、ここに育まれた美術工芸などの「歴史文化」をしめす、象徴的な表現といえよう。もちろん、「加賀百万石」の呼称自体は、藩政期に意識的に使われていたものではなく、「近代の表現」ではあろうが。

問題は、この「加賀百万石」に代表される意識が、どのような背景のもとに形成され、地域の「歴史認識」として定着していったのかである。ここでは、そうした過程で、さまざまな表象(図像イメージ)が果たした役割を考えてみたい。というのも、日比野利信氏が指摘するような、歴史(維新)が、「(歴史編纂・伝記刊行などによって)どのように語られ記憶されたかという問題」にもまして(日比野二〇〇五)、高木博志氏のいう「普通の庶民」にとっては、図像や建造物・記念碑の建立、記念祭・慰霊祭などのイベントによって「示され記憶された」物語のほうが、より鮮明なインパクトを与えたのではないかと思うからである(高木二〇〇五)。

「崩壊」する金沢城下町

近代の歴史認識を考察する際、多くの地域社会では、日比野氏が福岡藩の事例で検証されたような、「旧藩史観」の形成について論及することになろう。「旧藩史観」とは、「旧藩」の「物語」、すなわち、「明治維新に「我が藩」がいかに貢献したか、言い換えれば、「我が藩」がいかに「勤王」であったかアピールする論理＝「物語」」である。日比野氏によれば、これを確立することによって「藩閥」に対するコンプレックスが「解消」され、「旧藩」としてのアイデンティティが「回復」されるのだという（日比野二〇〇五）。こうした「旧藩史観」の特徴は、多くの「旧藩」に、程度の差こそあれ共通して見られたに違いない。

その点、加賀藩では、「旧藩史観」の特徴がより強く現れたのではないだろうか。なぜなら、「加賀百万石」の栄光の「記憶」に比べ、その分「維新に乗り遅れ」たとの認識が増幅されたからである。つまり、二百数十年にわたる「大藩」意識とその「残像」にも増して、維新後の屈辱・焦燥感が、とりわけ「旧藩」支配層に強かったものと思われる。その背景には、維新以降の金沢を中心とするこの地域の衰退ぶりがある。

維新以降の金沢の社会は、簡単にいえば崩壊の道をたどった。例えば、人口の推移がこれを如実に語る。維新直後、一八七一（明治四）年の金沢の人口は、一二万三四五三人、これは三都（東京、大坂、京都）に次ぎ、名古屋と並ぶものであった。しかし、廃藩置県や県庁の郡部美川への移転によって大打撃を受け、都市人口は旧武士階級とこれに支えられた町人階級を中心に減少の一途をたどる。一八八九（明治二二）年の市制施行時には九万四〇〇〇人となり、この傾向は一九〇〇年前まで続いて、一八九七（明治三〇）年には八万五〇〇〇人まで落ちていくのである。武家地を中心に空き家が目立ち、塀だけ残してサラ地や畑にかわった屋敷も多かったという。すなわち、維新以降、「加賀百万石」の経済力は失われ、金沢は慢性的な沈滞状況にあったのである。

この間、一八八一（明治一四）年一月一〇日には旧城内二の丸より出火、旧城二の丸の建物はほぼ焼失。一九〇七（明治四〇）年三月二三日には、旧本丸石垣が突然崩落し追い打ちをかけている（詳細は、三三頁参照）。このように、明治維新以降、県庁の移転、士族の没落、人口の激減と、「城下町金沢」は衰退の一途をたどり、地域的な「アイデンティティ喪失」の危機にあったのである。

2、「前田家繁栄之図」をめぐって

「能楽」を舞う藩主

以上のような、「旧藩」アイデンティティの喪失を、前田家やこれにつながる人々（「旧藩」層）は、どのように「回復」せんとしたのであろうか。以下この点について、諸事例をあげて検討していくのだが、まず、これを示唆する興味深い図像を紹介したい。

「前田家繁栄之図」という錦絵がある（一四頁参照）。この画面には、謡曲「安宅」を舞う旧藩主前田斉泰《なりやす》、中央の天皇皇后を挟んで、右手に三条・岩倉ら政府の顕官、左手に当主利嗣《としつぐ》をはじめとする前田家の一族、とりわけ前田家の姫君たちが艶やかに描かれている。画面の中心は斉泰演ずる「弁慶」。これが、「義経伝説」に基づく「加賀の物語」という点も示唆的ではある。残された錦絵の残在状況から、

前田家繁栄之図（石川県立歴史博物館所蔵）

ある程度の枚数が、前田家や旧加賀藩関係者の間に流布したものと思われる。あるいは、刷り物（商品）として金沢の庶民が目にした可能性も高い。

さて、一八七九（明治一二）年四月、明治天皇と皇后は二日間（一〇日・一八日）にわたり東京本郷の前田邸に行幸啓している。これを奉迎して、かつての加賀藩一三代藩主前田斉泰は、得意の能を天皇の前で演じた。『明治天皇紀』明治一二年四月の条によれば、「十日（略）午後零時三十分、具視《ともみ》・重信《しげのぶ》・馨《かおる》等を随へて還幸の途に就かせられ、蹕《ひつ》を本郷区本富士町華族従四位前田利嗣の邸に駐めたまふ、熾仁《たるひと》親王及び太政大臣三条実美《さねみ》等亦《また》利嗣の招請に応じて至る」「十八日（略）皇太后・皇后、午前八時三十分青山御所御出門（略）途上駕を従四位前田利嗣の本郷の邸に枉《ま》げたまひ、能楽を御覧あり、午後十一時還啓あらせらる」とされる（宮内庁一九七〇）。

斉泰の能への傾倒は並大抵のものではなく、「能楽」という用語も岩倉具視の求めに応じて斉泰が考案したものであった。当時、岩倉は、欧米回覧の見聞や米前大統領グラント饗応の経験から、（オペラに代わる）わが国固有の歌舞音楽として、「猿楽」

を復興・整備する必要を感じていた。その意思を受けて、重野安繹《やすつぐ》・久米邦武らが、日本芸能史の源流を探る研究に従事し、一方、斉泰らは、能楽社を結成して芝能楽堂の建設を推進した（舞台開きは、一八八一年四月一六日）。舞台には斉泰筆の額「能楽」が掲げられ、自著「能楽記」が添えられた。その「能楽記」には、「猿楽」から「能楽」に至るゆえんが説かれている。ちなみに、「能楽」の語は江戸後期から散見されるが、廃絶の危機を乗り越え、再出発しようという時期の、ほぼ公式的な呼称の提案である点注目される。まさに、「伝統」の近代的な「復活」であり、それを藩政期金沢の能・狂言隆盛を象徴する人物が宣言しているところに、「歴史文化」形成の特徴の一端をみることができよう。

侯爵前田家の誕生

いずれにせよ、このときの光景が、両日を融合した形で、「前田家繁栄之図」に描かれたのであった。実際は、天皇・皇后は別々の日程で行幸啓しており、錦絵の場面は、ある種のフィクションともいえる。

さて、この画面の観客のなかでひときわ目立つのは、天皇皇后はともかくとして、右手中央近くの「有栖川宮《ありすがわのみや》」であろう。名札の枠の色も別扱いである。ところで、当時、有栖川宮家と前田家が特別な関係にあったことは、あまり知られていない。実は、熾仁親王の世嗣である威仁《たけひと》（のち宮家を継ぐ）の妃が、一四代藩主前田慶寧《よしやす》の第四女慰子《やすこ》（慰姫、画面では左から五人目）であり、一八七六（明治九）年に婚約、一八八〇年一二月に嫁いでいるのである。すなわち、本郷前田邸に行幸のあった一八七九（明治一二）年四月は、成婚の前年ということになる。つまり、このときすでに、有栖川宮家と前田家は緊密な関係にあったのである。こうした事情も画面の構成に表われていたのではないか。婚礼が翌年の一二月ということを考慮すれば、この臨幸の宴が天皇を招いた両家の懇親の席であったという見方も、それほどうがったものとはいえまい。

そういう意味でも、この前田邸への天皇臨幸の栄誉は、長きにわたる徳川家との姻戚関係で権力を保持してきた「百万石大名」が、維新を契機に皇室（皇族）との姻戚関係を結ぶに至った「前田家繁栄」の一連の慶事であったにちがいない。その後、一八八四（明治一七）年七月の華族令で、前田利嗣は侯爵、支家前田利同《としあつ》は伯爵に叙せられる。こうして、前田家は「皇室の藩屏《はんぺい》」としての地位を築いていくのである。

金沢をめぐる「加賀百万石」のイメージは、近代における「記憶と表象」の多重性という問題を抜きに語ることはできない。とりわけ、観光需要を含む、各時代の要請（行政政策、営業、消費、あるいは、期待や思い込み）により、さまざまに「創出」されてきた。こうした「加賀百万石」文化をめぐる記憶の再生・創出という契機は、実は、今日の金沢や石川の観光文化にも通底しているものといえよう。

藩政期の事象は、必ずしも今日の「江戸」イメージに直接つながるものではなく、むしろ、多くは近代における「加賀百万石」文化の多重的な「記憶」を通して成り立っていた。こうした背景を改めて認識し、今日的な「歴史文化」へとその内実を高める方法や努力がまさに求められているといえよう。

※初出「『加賀百万石』の記憶―前田家の表象と地域の近代」（『日本史研究』五二五号）二〇〇六年五月（抄録）
※初出「地域文化の光と影」（井口貢編『観光学事始』法律文化社）二〇一五年八月（抄録）

Ⅱ　変遷する「百万石まつり」

「百万石まつり」と「百万石」イメージ

金沢は、しばしば「加賀百万石の城下町」と呼ばれるように、藩政期の遺産を誇り、今なお「伝統的文化都市」のイメージを伝える地方都市である。

こうした、「百万石イメージ」を強調し、補強するイベントが、いうまでもなく毎年六月、金沢市内で開催される「百万石まつり」である。このまつりは、戦後、一九五二（昭和二七）年に第一回を開催、現在まで続いている。当初は、金沢の発展・地域振興を祈願した「商工まつり」としてスタートし、しだいに、「藩祖」前田利家の金沢入城をなぞった「百万石行列パレード」をメインイベントとする、大規模な観光行事として定着していった（現在の主催は、金沢市と金沢商工会議所による「百万石まつり」実行委員会）。その際、「藩祖」前田利家を祀る「尾山神社」が、そのシンボルとして大きな役割を果たしたことはいうまでもない。

京都や博多、長崎のように、いわゆる「総社の祭礼」をもたない金沢にとって、「百万石まつり」は、いわば、金沢市民の「町をあげての」一大イベントであり、実際、市内の小・中学校は休校。行事の一環である提灯行列や各種の催しに、町内会ごとに参加している（現在は休日開催）。近年では、マン

百万石まつり風景（写真提供　金沢市）

ネリ化の批判をもとに、呼び物の「百万石行列」のルートや実施時間を変更。それなりの効果をあげて、市民・観光客の動員も数十万人を数える。そういう意味では、「百万石まつり」は、金沢の「百万石イメージ」の大きな核をなすものと位置づけられよう。

ここでは、こうした藩政期の「記憶」が、近代社会の形成過程でどのような意味をもち、また役割を果たしたのか。「百万石まつり」の系譜を素材として、いささか考えてみたい。つまり、「加賀百万石」前田家の「記憶」が、どのような衣をまとい、さらに、そのイメージが地域の「歴史認識」を形作っていったのかを、「尾山神社」と「百万石まつり」の歴史的背景や変遷に即して、検証してみよう。

尾山神社と「藩祖の記憶」

一八七三（明治六）年、旧藩祖前田利家を祀る尾山神社が、金沢の町の中心に創建された。いうまでもなく、「藩祖の記憶」を鮮明にする大きなきっかけといえよう。同社は、藩政期、「卯辰山」山ろくの宇多須《うたす》神社境内に藩祖を奉祠してあった社が、「甚だしく荒廃」したため、同年一一月、現尾山町に尾山神社として本殿を新築したものであった。とはいえ、維新期の「世態の変遷」によって、神社の維持すら困難となったため、時の神官前田直信《なおのぶ》（旧加賀八家＝藩老）が、当時の金沢区長（のち金沢市長）長谷川準也に諮ったところ、「神門」を造営して神域を荘厳にすることにより、参拝者の増加を図るべく計画。その神門は「永代にわたって荘厳を失わぬ堅牢な石造のものにしたい」と考え、加賀藩時代から腕と才覚を信頼する宮大工、津田吉之助に依頼。吉之助は、約一カ月を費やして「下絵」を完成したのである。長谷川は、これをもって旧藩主前田慶寧を訪い、援助を懇請。早速、起工の運びとなった。

なお、この神門の原形（原図）は、現在の姿（国指定重要文化財）よりさらに異様で、全体としては仏塔や仏具といった非建築的造形により近い。三層目などは四隅から伸びるアーチによって構成されるという珍しい作りになっていたのである。この建築原図を調査した（建築史家）藤森照信氏は、「神社であるからには、洋風をベースとするいわゆる擬洋風を採用するわけにはいかない。しかし、旧来の伝統様式では、新時代に再生を果たすべく団結した自分たち革新派の気持ちにそぐわない。何も手本にせずに、どこにもない新しい姿を無から有を生み出すべくように作るしかない。というふうに考えて、描き出してみたら、どこか中国風の摩訶不思議建築が姿を現した」と解釈している。ちなみに、神門を「伝統的な様式にしなかった直接の理由は、『尾山神社誌』によれば、「高大著名なる神門を建築し、万民其美観を仰望して、知らず知らずに参拝したくなるようにする」ためであるとされている。

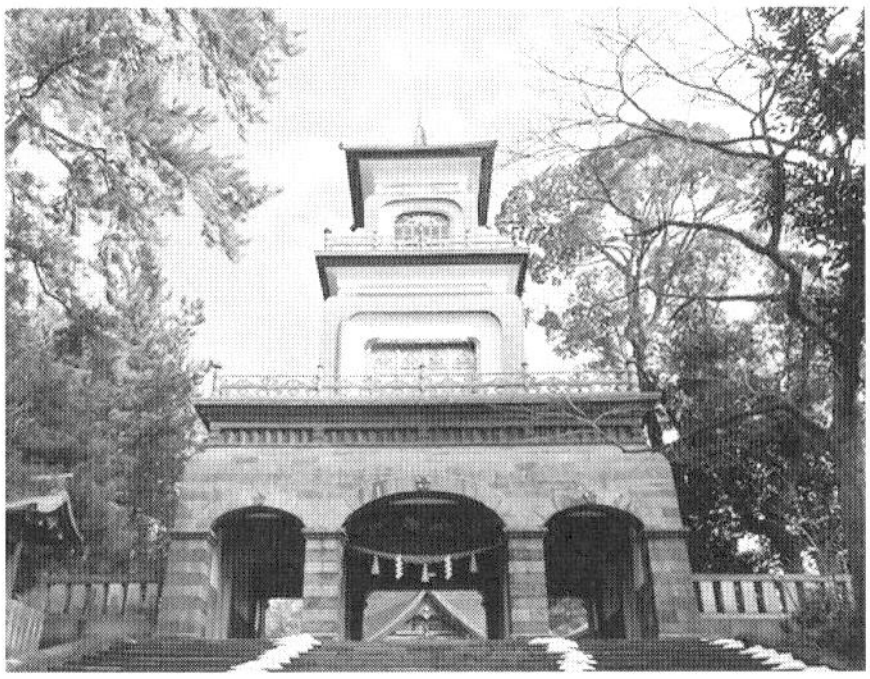
尾山神社神門（筆者撮影）

この神門の建設に関しては、北陸初の避雷針やステンドグラス（色ガラス）の使用など、近代的建築技術の導入事例としても、きわめて興味深い。しかし、ここでは、むしろ「旧藩祖」と「旧藩」の顕彰、つまり「加賀百万石」の記憶をとどめる「装置」として建設され、このことが地域住民に認識されたことを指摘しておきたい。それもあってか、神門の二層部分は、欄干《らんかん》や引き戸など、もとその敷地にあって焼失した、旧藩主家族の居宅金谷御殿《かなやごてん》の遺構が再利用されているのである。いわば、「建築の引用」による「旧藩御殿」の記憶ともいえるのではないだろうか。

かくして、一八七五（明治八）年一一月二五日、落成開門式が開催された。これに併せて刊行された『尾山新聞』（同年一一月二三日付）には、「尾山神社神門ノ結構ヲ観テ思ラク、嗚呼《ああ》神徳ノ後世ニ広被《こうひ》スル、蓋《けだ》シ此ニアル乎《や》」と謳われたのである。この間、加賀の名工松井乗運が、神像として「高徳公（利家）尊像木彫」を作製し、安置。そして、一八九一（明治二四）年一〇月には、問題の「金沢開始三百年祭」（利家入城記念イベント）を挙行することになるのである。

「紀念祭」の時代

ところで、明治三〇年代前半に至り金沢の市勢は上昇に向かう。人口も一八九七（明治三〇）年の八万人台から、一九〇七（明治四〇）年には一〇万人台に増加、以後も順調に増え続けた。この背景には、日清戦争後の全国的な好況もあったが、金沢にあって劇的な転換を可能にしたのは、一八九八（明治三一）年の陸軍第九師団の設置と、これを前提とした北陸線の敷設という、二つの大事業の影響であった。それ以後二〇世紀初頭の金沢の隆盛は、地場産業である絹織物業の成長が大きく支えることになるが、直接的にはこの二つの事業が「金沢復活」の「誘い水」であったといえよう。

なお、その際、地元『北國新聞』には、「鉄道の開通に際して、旧藩主の帰住を勧奨す」なる評論が載ったことも紹介しておきたい（『北國新聞』明治三一年四月一日付）。ちなみに、その書き出しには、「雄藩三百年の歴史は加越能三州の士民をして、前田家旧恩の洪大を憶記せしむ、況《いわん》や我金沢は百万提封の旧城下にして、其の徳化を蒙《こうむ》れること最も甚深《じんしん》にして直接なりしに」と記されているのである。

尾山神社拝殿（筆者撮影）

こうして、新世紀をむかえ発展の途上についた金沢だが、この時期、前田家・加賀藩に関連した出来事もめだっている。例えば、「藩祖三百年祭」が、翌一八九九（明治三二）年四月（旧暦の利家の命日、閏三月三日に合わせて）開催されている。これは前年の一八九八年、旧加賀八家（藩老）の発起により企画されたもので、四月二七日より、五月三日までの七日間、尾山神社を中心に盛大に挙行された。
メインイベントの神輿の渡御《とぎょ》行列は、五月一日から行われ、一日は犀川口、二日は浅野川口を渡御。余興として能楽・弓術・相撲・競馬・煙火なども連日催され、各町内では梅鉢の幕を張り、長提灯を吊して祭りを祝った。さらに各町内から剣舞・祇園囃《ぎおんばやし》・作り物の屋台・獅子など工夫を凝らした出し物が催され、市内は多くの人出でにぎわったという。いわば、現在の「百万石まつり」のルーツのひとつである。この祭礼を見とどけるように、旧藩当主前田利嗣（一四代藩主慶寧の嫡子）は、翌一九〇〇（明治三三）年六月一四日、病により薨去《こうきょ》。金沢では、尾山神社祖霊社に設けられた霊場に神饌を供し、祭式が盛大に行われた。かつての家臣をはじめ、多くの人々が参詣に訪れたほか、県内各地でも追悼会が催されたという。

その尾山神社は、つづく一九〇二（明治三五）年五月、「別格官幣社《かんぺいしゃ》」に列格されている。地元の数度にわたる請願を経て、七月三日、社格昇進の奉告式が継嗣の前田利為《としなり》侯列席のもと挙行された。その際の勅使は、石川県知事の村上義雄がつとめ、前田侯爵家からも一万七〇〇〇円という巨額の寄付を得た。これまで述べてきたように、もともと尾山神社は、士族階級の精神的支柱と地域復興を目的として維新後創設した神社であり、藩祖利家を象徴とする「加賀百万石」イメージの再興を企図したものであった。とすれば、この一連の前田家関係のイベントは、二〇世紀をむかえても金沢の人々にとって「加賀百万石」がなお重要な存在であったことを示していよう。その後も、一九〇九（明治四二）年九月には、皇太子の行啓（のちの大正天皇）を奉迎するとともに、三代利常《としつね》、五代綱紀への従三位贈位を果たしている。

ところで、日清・日露戦争の時期は、高木博志氏が「紀念祭の時代」と称したように、全国各地の藩祖三百年祭や史蹟名勝の顕彰を通じて、地域の歴史を国家の歴史の中に位置づける試みが、盛んに催されるようになる（高木二〇〇五）。金沢でも、今見たように、明治後期に「金沢開始三百年祭」、「藩祖前田利家三百年祭」、「尾山神社別格官幣社昇格運動」など、前田家がらみの大事業が続いた。もちろん、これらのイベントは、直接的には「藩祖の時代」（＝戦国時代〜江戸初期）から三〇〇年の節目を経たことを契機としているが、その背景には、当時の社会状況とこれに規定された社会意識があったのである。

さらに、金沢・前田家の場合、新たな「伝統」の創設・浸透は、明治期を通じ、ほぼ一貫した意図を指摘することも可能であろう。とりわけ、絵画・彫刻（図像）や建造物・記念碑の建立、記念祭・慰霊祭などのイベントによって「示され」、そして「記憶された」物語は、人々に、より鮮明なインパクトを与えたものといえよう。

「百万石」の文化遺産

従来、利家が金沢に入城したとされる、六月一四日（実際の入城は一六日）に行われていた尾山神社の「封国祭」は、一九二三（大正一二）年からは「金沢市祭」として奉祝されることになり、太平洋戦争末期の一九四五（昭和二〇）年まで続けられた。終戦後は、進駐軍の指導により、一九四六年から五一年まで「尾山まつり」として尾山神社奉賛会によって開催。これが、先述のように「商工まつり」に統合されるのである。

さきにみたように、金沢では、「藩祖前田利家」と「尾山神社」の顕彰、これにもとづく「百万石イメージ」の再生は、実は、明治期を中心に精力的に試みられたのであった。そして、この努力は、大正・昭和期にいたるまで基本的には継承されてきた。さらに、社会のしくみも国民の意識も、一八〇度変化したとされる戦後にあっても、この方向は、それほど変わらなかったのではなかろうか。

もちろん、藩政期に端を発する、数々の「百万石の文化遺産」を守り、育てることに異論はない。とはいえ、そうした「遺産」が、明治以降、百数十年間を通じていかに「近代の遺産」として形作られてきたのか、こうした視点も、あるいは「加賀百万石」を語る際に忘れてはならないものと思われるのである。

※初出「「百万石まつり」と「加賀百万石」の記憶」（『雪の音』九六号）二〇〇七年

《コラム》幻の藩主銅像

「勤王紀念標」の建設

兼六園内には、現在の日本《やまと》武尊《たけるのみこと》像のほかに、もう一基の銅像が建っていた。場所はかつて「長谷川邸跡」として知られた広場の一角である。このモニュメントは、正式には「加越能維新勤王紀念標」（以下「勤王紀念標」と略す）といい、一九三〇（昭和五）年一二月一四日に建造されている（吉田三郎作）。立派な台座の銅板には「殉難志士」の氏名が刻まれていた。前年の四月、東京の加越能郷友会が、「元治甲子の変」のおりの「加越能三州の志士、殉難者」を慰霊するために建碑を発起し、これを母体として「昭和戊辰《ぼしん》大典記念加越能維新勤王家表彰会」（傍点、引用者）と称する協賛団体を結成、目標総額七万円の寄付を募って建造したものであった。

維新勤王紀念標絵葉書（石川県立歴史博物館所蔵）

さて、この記念標のモチーフとなったのが、衣冠をまとった一四代藩主慶寧の像である。慶寧は、一三代藩主斉泰の嫡男であり、一八六六（慶応二）年四月斉泰の退隠により、加賀藩最後の藩主を継いだ人物である。母は一一代将軍徳川家斉《いえなり》の娘溶姫《やすひめ》。一八六九（明治二）年六月の版籍奉還にともない、金沢藩知事に任命され、一八七一年七月廃藩置県の命を受け、藩知事を辞して同年八月東京へ移住している。藩主として四年、藩知事として二年、合わせて六年、幕末維新の動乱期の治政にあたった。一般に、佐幕寄りの父斉泰の方針を勤王に転換したことで知られるが、一方で、旧制を改めて新政に対応し得るように努め、例えば兵制に関しては洋式兵法を取り入れるなど、開明的な姿勢もみせた。以下、この像の建碑の事情とその後の経緯を、幕末の政局を引きながら紹介してみよう。

勤王紀念標と「旧藩」の物語

そもそも「元治の変」とは何か。幕末期、佐幕、倒幕、あるいは尊王攘夷《そんのうじょうい》と揺れる政局のなかで、加賀藩の藩論も一向に定まらず、藩主斉泰、世子慶寧はその舵取りに苦慮していた。こうしたなか、一八六四（元治元）年、参議会議が「長州征伐」を示唆したのに対し、「公武一和」にたがうとする側近の批判を慶寧が受け入れ、藩主斉泰の名でこれに反対する「建白書」を提出するに至る。その後慶寧は、藩主名代として上京（五月）、幕府に対しては「征長反対」、長州に対しては「朝廷服属」を説得し事態の収拾を図った。この間、慶寧側近の勤王派は、密かに長州の志士らと連絡をはかり、一旦事ある場合には、天皇を加賀藩領の近江海津へ移し、共に戦う旨の密約までしていたという。同年七月一九日、いわゆる「禁門の変」が起こり、加賀藩も出兵。この時点で、もはや「幕長周旋」の効も虚しくなったと判断した慶寧は、病気を理由にその海津に退去してしまったのである。この慶寧の行動は、結果的に幕府の「禁裏警護指令」を無視し、長州と結託したものと見なされることになり、加賀藩は窮地に陥る。そのため斉泰は、慶寧を謹慎させ、不破富太郎・千秋順之助ら側近の勤王派や在野の攘夷運動家をとらえて、四〇余名を切腹以下の刑に処したのである。かくして加賀藩の尊攘派は壊滅。この一連の騒動を、加賀では「元治の変」と呼んでいる。加賀藩にとって、尊王倒幕運動への唯一の参加機会であり、以後の幕末政局のターニング・ポイントであった（徳田二〇〇二）。この「元治の変」の記憶をとどめるため、処刑された「加越能三州ニ於ケル勤王志士」、すなわち加賀の尊王派三三名の名を銅板に刻んだ記念標を建てて顕彰したのが、兼六園内長谷川邸跡の「勤王紀念標」だったのである。

紀念標建設の経緯と背景

同碑は、金沢の有力者横地永太郎が「当時ノ世相ヲ非常ニ慨嘆」し、加賀藩の勤王家を表彰する石碑を建立せんと「奮起」したことに端を発するという。一九二八（昭和三）年九月一五日、七名（横地永太郎、大友佐一、中杉龍馬、吉尾和三、広瀬道太郎、西野三郎、大垣理吉）からなる実行委員会を結成、第一回会合を開催した。その後、水島辰男、後藤昔壮ら、在郷軍人を加えて会合を重ね、翌一九二九年二月金沢警察署に基金募集願を提出、同年三月建設許可を受けるに至る。これを契機に同会は、「趣旨書」を頒布して広く賛同者を求め、一方で、三月二六日金沢市役所に旧金沢城百間堀地内での表彰碑建設敷地願（図面添付）を提出したのである。なお、「趣旨書」によれば、横地が建碑を発起したのは、昭和天皇の「大典記念」に加え、これよりさき一九二七年七月に、紀尾井町事件の首謀者島田一郎らの五〇年祭が野田山の墓前（実態は慰霊碑）で盛大に行われたことが契機となったという。この点も興味深い背景といえよう。

かくして、「勤王紀念標」の起工式は、一九三〇（昭和五）年五月一七日、兼六園内の建設地で挙行された。以後、建設工事は「前田侯爵家の多大なる後援、さらに（加越能）三州出身者の賛同協力の下に」順調に進み、同年一二月一四日、竣工除幕式の運びとなる。この除幕式には侯爵前田利為も臨席。陸軍大臣の代理として阿部信行中将（のち首相）、さらに陸海軍の代表者が参集した。儀式では尾山神社宮司ほかによる修祓《しゅうばつ》の儀が行われ、前田家の手によって除幕、威風堂々たる束帯姿の前田慶寧立像と台座の左右に勤王家氏名を刻んだ銅板額が厳然として現れた。引き続き慰霊祭に移り、標前の祭壇には紅白大鏡餅や盛菓子が供えられ、尾山神社宮司が斎主となり、降神詞、供饌、祝辞、玉串奉典、そして委員長挨拶。式後遺族および来賓は西町の市公会堂で茶菓宴に臨んだ。加えて市立図書館では維新勤王家遺品展覧会が三日間開催され、会期中一七〇〇余名の来観者を集め盛況であったという。ちなみに、同館も大礼記念に建設されたものである。まさに、「旧藩史観」による「加賀百万石」の「回復」をはたした事業だったといえよう。

※初出「『加賀百万石』の記憶―前田家の表象と地域の近代」（『日本史研究』五二五号）二〇〇六年五月（抄録）

第2章　金沢城と兼六園

旧金沢城橋爪門（能登印刷出版部所蔵）

城下町から近代金沢へ

維新以降の加賀藩と城下町金沢の様変わり、すなわち時代の大きな転換を象徴したのが、「百万石」のシンボル金沢城の変貌でした。とりわけ「城主」の交代と城郭が「崩壊」していくさまは、城下町の人々に、その思いを一層強く植え付けたにちがいありません。一八七一（明治四）年八月一一日、旧一四代藩主前田慶寧《よしやす》は、藩祖利家以来二百数十年間支配してきた土地を離れ、父斉泰《なりやす》とともに東京へ去ります。廃藩置県による措置とはいえ、旧藩民は声を上げて悲しみ、これを見送ったといいます。以後金沢城の櫓や門は順次撤去され、二の丸御殿も失火により焼失してしまいます。これより先、一八七五（明治八）年六月には徴兵陸軍の歩兵第七連隊が駐留、司令部は旧二の丸御殿に置かれました。二の丸の広式は病院となり、大手門裏の新丸に置かれた越後屋敷・作事所・割場・会所は、兵舎新築のため取り払らわれました。五十間長屋なども兵舎に改築されていきます。

この間、江戸・京都・大坂の三都につぐ大都市と謳われた金沢の衰微の様は目を覆うものがありました。幕末期、金沢の人口のほぼ半数が武士によって占められており、その武士層が、版籍奉還に伴う改革で一挙に俸禄を減らされたため、彼らの消費に支えられていた城下の経済は、火の消えるように沈滞してしまったのです。金沢城下でもかなりの区域を占めていた武家屋敷が、あちこちで空き家になり、周辺の地子町筋にいたっては、田や畑になってしまったところもあったといいます。

※初出「城下町から近代金沢へ」（共編著『図説 金沢の歴史』金沢市）二〇一三年三月

Ⅰ 「城下町」から「軍都」のシンボルへ

1、金沢城の明治維新

維新後の金沢の様変わり、すなわち時代の大きな転換を象徴したのが、「加賀百万石」のシンボル「金沢城」の変貌であろう。もちろん、こうした様相は、およそ金沢のみならず、全国の城下町の多くにみられた現象であろうが、石高の大きさと格式の高さが、その変貌を際立たせたことも否めない。その際、城とその周辺の跡地利用が第一に注目されるのは、いうまでもなく、このエリアが旧城下町プラン（都市の骨格）の中核部分であって、かつ広大な敷地を占めていたためであり、一方、それゆえにこそ、このエリアの変貌は、その都市の明治以降における歩みを端的に表すものだからである。なお、この背景には一八七三（明治六）年に示達された「城郭廃城令」の影響が大きい。というのも、この布達により、全国の城郭のうち、軍施設として必要な分は「存城」とされ、その他は「廃城」として大蔵省の管轄に移されたからである。この点は、金沢の近代都市としての性格にも関係し、大いに注目すべき点であろう。

さて、金沢城は、城下の中心部、小立野台地先端部に位置した平山城である。前身は加賀一向宗門徒により築かれた金沢御堂《みどう》（尾山御坊）。本格的な城郭普請が進められたのは、前田利家が入部した一五八三（天正一一）年以後とされる。維新後、加賀藩前田家の治世は終わり、二六〇年余にわたる城郭の主がこの城を去ることになったことは、さきにのべたとおりである。以下、その変貌を具体的にみてみよう。

一八六九（明治二）年二月、のちに尾山神社の敷地となる金谷御殿《かなやごてん》をはじめとして、七十間長屋、土橋門が焼失。一八七〇年一〇月からは、坂下門、新坂門、紺屋坂門、石川槍番所門、水揚門、桐木門、尾坂口門、西丁門、甚右衛門坂門、不明門、御宮門など、あらかたの門が撤去され、金沢城は、近世城郭の体裁を急激に失っていく。一八七三年には、さきにふれた「城郭廃城令」によって、全国の城郭の多くは廃城となり､存城とされた城郭の多くは新政府軍の駐留するところとなる。加賀藩兵の去った金沢城の城地は、北陸の軍事拠点として、これよりさき一八七一年八月一八日兵部省の所轄となり、ついで、一八七二年二月二七日、兵部省が陸軍省と変わるとともに、同省の方針により不要な城郭建造物が順次破壊されていったのである。

一八七三（明治六）年一月徴兵令が布告され、これにともなって名古屋鎮台分営所が城内に置かれる。これが一八七五（明治八）年六月には歩兵第七連隊に再編された（軍旗の下賜は九月九日）。これらの部隊の司令部は、いずれも旧城二の丸御殿に置かれ、入り口の門は西町の甚右衛門坂辺り（北側）に設けられた。この間、二の丸広式は病院となり、ついで下石引の奥村邸への移転にともない、将校の集会所に充てられたという。また、第一大隊の兵営（兵舎）新築のため、大手門裏の新丸に位置した越後屋敷・作事所・割場・会所は取り払われ、二の丸の各部屋、五十間長屋も兵舎等に改築されるに至る。

こうしたなか、一八八一（明治一四）年一月一〇日、二の丸より失火、旧城二の丸の建物がほぼ焼失してしまうのである。防衛庁防衛研修所図書室所蔵『陸軍省諸縣綴』には、金沢城焼失に関する報告、ならびに炎上を知らせる電報が残されている。これには、「今十日午前五時三十分過キ金沢営所ヨリ出火、旧城建物ハ皆焼失セリ此上上申ス」とある。ちなみに、深夜の出火であることから、当番兵による失火が原因とされている。なお、この大火は、金沢城にとっては、六回目の失火であったことが、歩兵第七連隊の編纂した「金沢城沿革ニ関スル重要ナル年代」（歩兵第七連隊編纂『金沢城の沿革』自家版、一九二三年、付表）に記されている。

ついで一八八四（明治一七）年七月には、玉泉院丸の鼠多門《ねずみたもん》も焼失、下って一九〇七年三月二三日には、旧本丸石垣が突然崩壊し、追い打ちをかけ、さらに百間堀の開削と幹線道路化工事が一九一一年に完了し、金沢城は、近世城郭のたたずまいをほとんど喪失することになるのである（以上『歩兵第七聯隊史』『北國新聞』等の記述による）。

このように、御殿や城門など、近世城郭の景観を形作ってきた建造物が急速に壊され、逆に、近代的な軍隊の施設に取って代わられるありさまは、まさに金沢城のイメージを大きく変貌させるものであったといえよう。

2、堂形跡と広坂県庁

明治・大正・昭和を通じ、金沢市役所が置かれた広坂は、石川県・金沢市の政治・行政の中心であった。これよりさき、藩政期の広坂界隈は、堂形《どうがた》（前）と称され、三十三間堂、馬場、米倉、文武両藩校などが置かれており、広い意味では「金沢城域」の一角であった。

一八七二（明治五）年二月、初代長官（大参事）内田政風《まさかぜ》は、県庁を金沢から手取河口の美川に移してしまう。この「県庁移転」を契機として、三都につぐ大都市と謳われた金沢は、一気に衰退の道をたどっていく。武士層の没落に加え、武士社会に依存していた金沢の経済全体も大混乱をきたし、一挙に沈み込んだのである。「県庁移転」は、この地にとって数百年来の大事件であった。

しかし、翌一八七三（明治六）年一月には県庁は再び金沢へ戻り、「美川県庁」の時代は一年にも満たなかった。旧城下に戻った県庁は、広坂にあった藩修営局の建物を修復して置かれた。その後、一八八〇年には正面に「菊花紋章」を掲げた、木造の庁舎が新築されている。ちなみに、『改訂加賀地誌略』（一八八一年刊）の挿図には、庁舎前のシイの木も描かれている（それ以前は不明）。

ところで、美川の県庁が一年足らずで金沢へ戻った事情は何か。注目すべきことに、同じ一八七三（明治六）年一月には「徴兵令」が布告され、全国に鎮台・営所の設置と徴兵軍隊の駐留が命じられている。おそらく、軍事的拠点と政治的拠点の連携が求められたのであろう（このとき同時に、大学区や裁判行政の拠点が金沢に置かれたことも背景に）。この過程で、旧城内はすでに陸軍省の所管になっており、県庁舎を建てる余地はなかったものと思われる。

なお、広坂通りには、のちに師範学校・女子師範学校、さらに第四高等学校が設置され、「学都」金沢の中心をなしていく。旧坂下門詰の一角には、教科書出版で知られる益智館も創業している。その建物は、旧玉泉院丸に建てられた、お雇い外国人スロイスの居館を転用したものであり、のちに「広坂教会」として、四高の真向かいに移築された。つまり、広坂界隈は、教育・文化の中心地でもあったのである。

3、百万石城下の変貌

城郭とその周辺に加え、金沢城下でも、城下町時代の広大な武士地などが、公用地や軍用地として変容を遂げた。一八七二（明治五）年の調査では、旧金沢城下の敷地面積の七〇%近くが武士の宅地であり、それに城地や竹澤御殿（兼六園）を加えると、武家関係用地は実に七五%近くを占めていたという（田中喜男氏の推計によれば、幕末～明治維新にかけては、七四・五%が城郭を含む武家地、二二・七%が町人地、二・八%が寺社地と算出されている（田中一九七七））。

ところで金沢の城下町当時の土地利用をみると、「加賀八家」と呼ばれる一万石以上の禄を有した家老クラスの重臣の屋敷が各方面に配置され、城下町の北と南の入口には寺院が群として配置されていたことがわかる。全体として武家は面的に、町家は街道沿いに線的な配置となっていた。こうした金沢城下町の規模は約八キロメートル。大略的にみて、武家のゆとりある敷地と町地の密集状況をうかがうことができる。

こうした大身の武家屋敷も、維新以降、多くは公共施設の敷地に転用され、御殿等が壊されていく。例えば、下石引、出羽町一帯の本多家上屋敷や篠原出羽守屋敷などの武家屋敷群は、出羽町練兵場、九師団兵器部、師団長官舎に（現在の石川県立歴史博物館、県立美術館、石川護国神社、本多の森ホールなど）、奥村宗家の上屋敷は、旧陸軍衛戍《えいじゅ》病院（現金沢医療センター）に取って代わられた。

また、小立野台地の旧武士地は、上野練兵場（のち金沢大学工学部）に転用される。さらに玉川町、長町一帯の八家クラスの上屋敷も殖産興業の施設に活用されている。例えば、村井家の上屋敷には金沢製糸場・撚糸場や銅器会社、長家の上屋敷には、のちに専売局の工場が建設されるのである。いまでこそ、長町の武家屋敷群や用水、公園で潤うこの界隈も、明治の半ば以降は、専売局の煙草工場や倉庫精錬、日本硬質陶器など煙突の立ち並ぶ工場地帯と化すのである。ちなみに、長家の上屋敷は、版籍奉還から廃藩置県の過程で一時県庁が置かれ、城中から本多家の上屋敷に居宅を移した藩知事前田慶寧が、数日おきに通っていたという。なお、土屋敦夫氏は、こうした近世の土地占有が近代のそれにいかに移行するか、という点から金沢の都市形成過程を分析されているが（土屋一九九二）、土屋氏によれば、ここでいう空間利用の変遷は、「用地の使い換え」として捉えられるという。

4、新景観と金沢の復興

こうした金沢中心部の変化は、金沢の市民に、いわゆる「文明開化」と呼ぶところの都市景観の変化を認識させたに違いない。金沢におけるこうした近代的景観の様相をよく示す資料に、『金沢勝地賑双六』という刷り物がある。「かなざわめいしょうにぎわいすごろく」と読み、当時人々が集まりにぎわいのあった場所を並べて、双六の形にしたものである。画面中ほどの「撚糸社」「製糸社」「銅器社」などの設立年代から考えて、明治一〇年代の〝金沢名所アラカルト〟ともいえ、とくにそれら

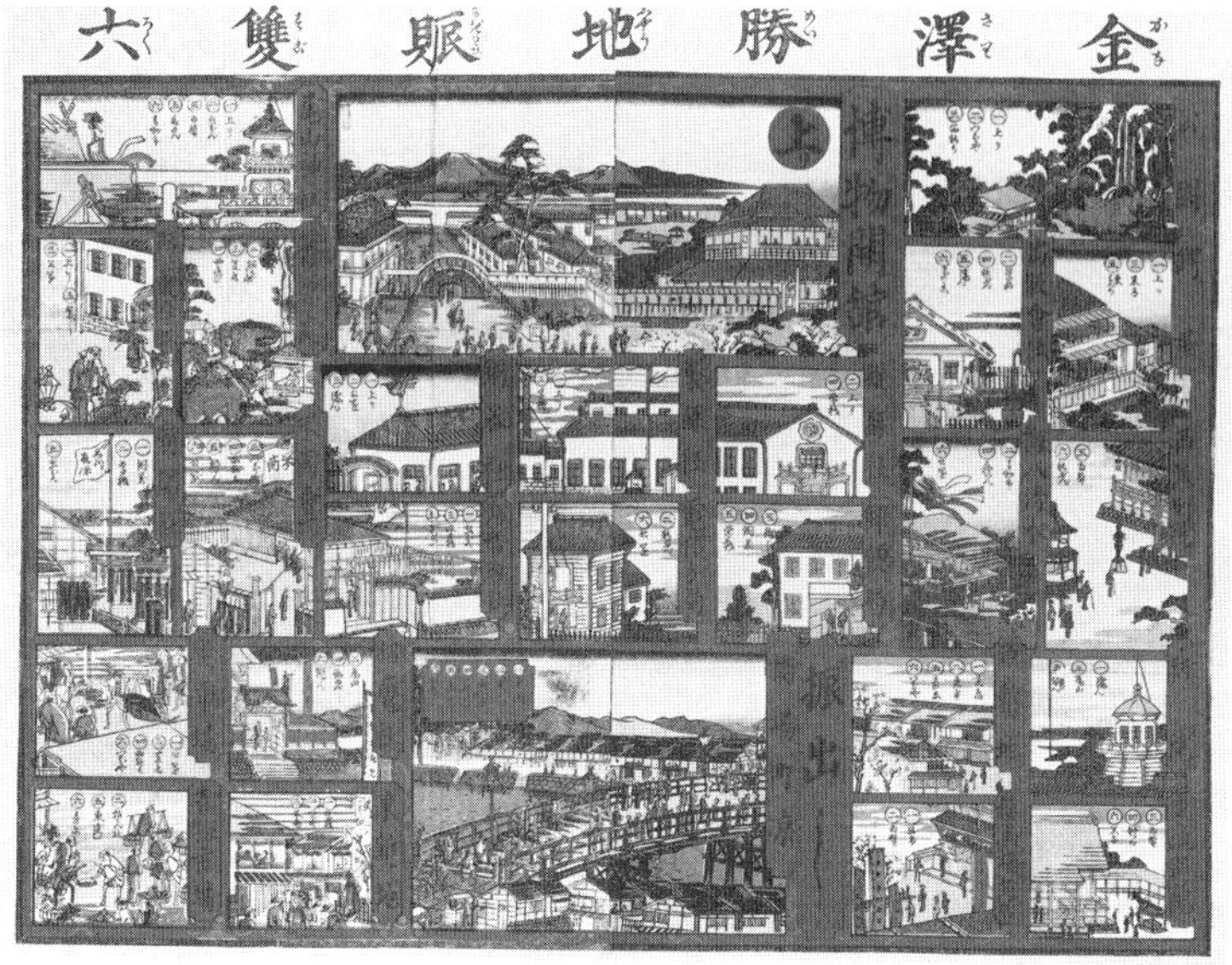

金沢勝地賑双六（石川県立歴史博物館所蔵）

勧業のための工場や「尾山神社」神門、「博物館」「電信分局」「郵便局」「新聞社」などいわゆる文明開化の風物を描いている点に特色がある。

　ところで、この双六に取り上げられている名所は二五カ所あるが、「上がり」の「博物開館」をはじめとして、上記以外にも「米商会」「為替社」「病院」「招魂社」など、明治初年に文明開化の風をうけて建設された新名所がならんでいる。

　とりわけ、このなかで目立ったのが、尾山神社の神門であろう。同神社は、よく知られるように、旧藩主前田利家を祭神として一八七三（明治六）年に創建された（正確には卯辰山ろくからの移転再興）。神門は本殿の前に多色のステンドグラスと避雷針を備え、高く聳《そび》えている。一八七四（明治八）年一一月上旬の竣工、同月二五日に落成開門式が催されたものである。一般に擬洋風建築の遺構と目されるが、建築史家藤森照信氏によれば、「何も手本にせずに、どこにもない新しい姿を無から有を生み出すべくように作るしかない。（略）描き出してみたら、どこか中国風の摩訶不思議建築が姿を現した」との解釈もある。いずれにせよ、まわりに高いビルも電柱もない創建当初、色鮮やかなステンドグラスが夕日に光り輝く姿は、人々に大変な感動を与えたにちがいない。もちろん、金沢のみならず北陸でも最初のステンドグラスや避雷針の使用例であった。

※初出「城下を『破壊』した明治維新―『加賀百万石』の退勢と復興―」（『北國文華』一一号、北國新聞社）二〇〇二年

Ⅱ　兼六園の近代史

1、兼六公園の時代

兼六園琴柱灯籠（筆者撮影）

兼六公園の誕生

日本の公園史は、一八七三（明治六）年六月一五日付で新政府が発した一通の布達にはじまる。現在の内閣に当たる太政官が、各府県あてに出したもので、内容は、各地にある名所・旧跡など「庶民遊覧の地」を「公園」として指定するため、「相応しい場所」を申し出よ、というものだった（「永ク万人偕楽ノ地トシ、公園ト相定メ（略）其景況巨細取調、図面相添、大蔵省へ伺出ズ可キ事」）。

当時、西洋の制度・文化を急速に導入しつつあった維新政府は、日本へ来る外国人に対する体裁もあって、「都市公園」なる文明施設を建設することを急務としていた。この太政官布達をうけて、当時の東京府に五つの公園が誕生した。浅草（浅草寺）、芝（増上寺）、上野（寛永寺）、深川（富岡八幡宮）、飛鳥山の各公園である。いずれも江戸時代から庶民に親しまれて来た寺社地や遊楽地だった。

一方、金沢の兼六園は、件の太政官布達に基づく指定公園として、一八七四（明治七）年五月、一般に開放されるに至る。しかし、園内は、これよりさき一八七一年二月、「四民偕楽」のため「與楽《よらく》園《えん》」の名で一般の入園を許していた（『加賀藩史料』所収「触留」）。ただし、この時は、期間限定、かつ厳しい入場制限を設けた部分的な開放であった。なお、「與楽」という名称の起こりは、維新後旧藩主慶寧が側近を慰労するため催した「與楽宴」にちなむという。田中正義の『與楽宴序』（一八七〇年一二月刊）に「衆楽之地」とあるあたりが、淵源ともいわれる。

翌一八七二（明治五）年二月には、金沢理化学校の通達によって、春季（桜の季節）に限って開放されることになる。


兼六園之義は、（略）勝地にして、内は水石を愛翫すべく、市街に接して老幼も亦来り易し。故に今春陽温和の際に当り、庶人に来遊することを許す。
一、當三月三日より四月十五日迄連日遊歩之事。但、雨天之節は指止候。
一、朝八字《（ママ）》より夕五字限り之事。
但、五字拍子木にて合図次第各退散可致事。（以下略）

兼六園の義、自今平生遊覧苦しからず候。且、同所に住居、或は出店等致し置き候望の者は地所払下候條、絵図面を以て代金入札致す可く候。
但、樹木等在来之地景は存置候間、開墾等は相成らず候事。
壬申五月

いわば兼六園の「公園宣言」である。なお、この「壬申五月」というのは、太政官布告が出る一八七三（明治六）年一月より八カ月も前であった。この点は、石川県の英断として明記しておきたい。いずれにせよ、「兼六公園」は、太政官通達に基づく国指定の都市公園として、一八七四（明治七）年五月七日から正式に開放されたのである（このため、五月七日は「開園記念日」として、現在は無料開放されている）。

その後、「兼六公園」は、一九二二（大正一一）年「金沢公園」の名で、「名勝」として指定される。「兼六園」の旧称に復すのは、昭和も間近の一九二四（大正一三）年三月のことであった。すなわち、この半世紀が「兼六公園」の時代である。

2、文明開化と兼六園

二つの異人館

兼六園内山崎山の麓《ふもと》には、一八七〇（明治三）年三月、ドイツ人鉱山学教師フォン・デッケンのための二階建ての洋館が建てられ、デッケン館と称せられた。金沢城内のスロイス館とともに、金沢

異人館図「辰巳旧園新造客殿図」
（金沢市立玉川図書館所蔵）

最初の異人館として知られている。いずれも「文明開化の助っ人」、金沢藩のお雇い外国人教師である。

金沢市立玉川図書館所蔵「辰巳旧園新造客殿図（異人館図）」（佐々木泉玄筆）には、テラスのある洋風建築（デッケン館）が描かれており、庭には犬が飼われている様子もうかがえる。当時、巽《たつみ》新殿（成《せい》巽閣《そんかく》）とは石造の眼鏡橋で結ばれ、文明開化の新名所となった。

デッケンは、一八七一（明治四）年一一月まで鉱山学、金属学、地質学を教えたが、彼が引き揚げたのち、この建物は勧業博物館東本館として使用されている。なお、デッケンは、鉱山学所で教える傍ら、金平銅山での実地指導にも当たった。後日、旧加賀八家の横山家が、尾小屋などの鉱山を開鉱する際には、デッケンの学問の寄与するところが多かったという。

一方、スロイス館は、城内玉泉院丸に建てられた。同じく玉川図書館に、鼠多門からみた古写真が残されているが、建築の詳細は明らかではない。のちに広坂通りに移築され、出版社や教会として再利用された。オランダ人医師、ペ・ア・スロイスは、一八七〇（明治三）年二月、黒川良安《まさやす》、高峰精一らが中心となって開設した医学館に、最初の外国人教師として盛大な歓迎の中、着任している。金沢大学附属図書館医学図書館が所蔵する「金沢医学館規則」も彼の制定によるものだが、ここには、西欧的な近代医学をめざしたスロイスの意気込みがよく表れている。さらに、一八七一（明治四）年七月には兼六園内高之亭跡地（霞池の北西）に理化学校が設けられる。これは、医学館の学生が増えて収容しきれなくなったためで、以後約一年間、医学館生の理化学講義はここで行われた。スロイスも出講し、動植物学などを教えた。

このような「異人たちの館」は、彼らの来住にともない次々と建てられ、特に兼六公園に続く小立野台南側一帯には、鎧戸のある洋館が建ちならんで、さながら〝異人館通り〟の様相を呈したという。こうした開化の光景が、市民に与えた影響も計り知れないものがあったに違いない。

博覧会と博物館

江戸時代の物産会に端を発した博覧会は、近代に入ると「富国強兵」、ことに「殖産興業」の有効な手段として盛んになり、著しくその発達をみた。なかでも金沢は、幕末維新期には江戸・京都・大坂の三都に次ぐ大都市であり、その故か、博覧会の開催も他の地方都市に比べごく早い段階に試みられている。

一八七二（明治五）年九月には、兼六園内の巽御殿で展覧会が開かれた。中屋《なかや》彦十郎《ひこじゅうろう》や円中孫平《まるなかまごへい》ら、金沢の有力商人が尽力。金沢の振興をはかることを目的として、個人所蔵の書画や銅器・漆器約七〇〇点を陳列しての展覧会であった。このとき園内では、県下で初めての「イレキテル」（発電機）や「テリカラフ」（電信機）の公開実験も行われた。金沢のみならず、石川県における博覧会の出発点と位置づけられる。

一八七四（明治七）年六月には、豪商木谷藤十郎《きやとうじゅうろう》らの共同主催により、兼六園及び東本願寺別院を

石川県金沢博覧場列品之図
（金沢市・牧野政子氏所蔵、写真提供 石川県立歴史博物館）

会場として博覧会が開催され、七万二一三五人の入場者を集めた。兼六園会場のうち、西館は旧巽御殿の建物、東館はお雇い外国人デッケンのために建築したものだった。錦絵「石川県金沢博覧場列品之図」は、そのおりの会場の盛況を伝えている。六二〇〇点の展示品のなかには、当時、尾張名古屋城の天守閣から降ろされて全国を巡回していた金鯱が、博覧会の目玉として展示され、評判を呼んだ。

ついで、一八七六（明治九）年開催の博覧会後には、その西洋館と旧巽御殿とをあわせて金沢勧業博物館とした。常設の博物館は、全国でも初めての試みといわれる。一八八〇（明治一三）年七月、石川県勧業博物館として、新館、東本館（デッケン館）、集産館、西本館に巽御殿を加えた大規模なものとなり、展示品を動物、植物、鉱物、農産、工芸、教育、古器、機械に分けて、別に図書部も設けた。一九〇八（明治四一）年まで存続している。こうした明治初期の博覧会を皮切りに、殖産興業〜産業革命期には、金沢でも数多くの品評会・共進会が開催されたのである。

学校と図書館

兼六園にあっては、これよりさき、一八六三（文久三）年、竹沢御殿跡の一隅に一二代藩主斉広《なりなが》の未亡人真龍院の隠居所として建てられた巽御殿が、一八六九（明治二）年一一月巽住居所と改称したのち、一八七〇年六月一時廃され、中学東校として再使用された点が注目されよう。中学東校というのは、俗に「洋学中学校」とも呼ばれ、洋学（英仏学）を教えたもので、前身である致遠館《ちえんかん》と把注館《はちゅうかん》を合併したものである。石川県立図書館には、「石川県英学校之図」も残されている。なお、巽御殿は辰巳御殿とも書いたが、一八八一（明治一四）年、成巽閣と改称した。

ところで、明治政府が、自らの指導によって早急に資本主義を育成させた、いわば「上から」の資本主義化政策が、いわゆる殖産興業であった。具体的には、工部・内務・農商務省の各所轄段階で、それぞれの地方が国家の政策を地域の特色・実情に即して実施していく。金沢でも、加賀象嵌《ぞうがん》（銅器）、加賀蒔絵《まきえ》、加賀染、九谷焼など、加賀の伝統工芸の保護育成にあたった。

こうしたなかで、明治前期の工芸活動に力を与えたのは、「金沢区工業学校」の開校であった。金沢工業学校（のち石川県工業学校）は、一八八七（明治二〇）年に兼六園内にあった勧業博物館を使用して開校。藩政期以来の伝統工芸を産業化することを目的として設置された。石川県立歴史博物館所蔵「金沢工業学校規則」によれば、同校の使命は、「各種ノ工芸ニ関スル学理ノ応用ト芸術トヲ兼授ク」（第一条）ものとされ、各部は、「専門画学部」「美術工芸部（画ノ応用ヲ主トスルモノ）」「普通工芸部（理化ノ応用ヲ主トスルモノ）」に分かれていた（第二条）。ちなみに、「美術工芸部」の学科は、描金、陶画、金属彫刻、木石牙彫刻、蝋粘土模型、繍物、染画の七科であった。ただし、実際に開講された時点で

公園内の酔紅館（『石川県商工便覧』石川県立歴史博物館所蔵）

は、描金と金属彫刻が科目から外され、翌年の一一月には、木石牙彫刻と蝋粘土模型を廃し、彫刻科が加えられている。

　当時美術工芸を内容とする専門学校は、東京の工部美術学校や京都の美術学校などがあったが、中等学校としては日本で最初の施設であった。初代校長納富介次郎《のうとみかいじろう》（佐賀出身）の教育理念と、初期の充実した講師陣によって、「明治美術工芸界の中枢的役割をつとめた」と評されている。一方、図書館は、一九一〇（明治四三）年一〇月県会で設置が決議され、一九一二（明治四五）年一月兼六公園内に落成開館。石川県立図書館となった（一九四八〈昭和二三〉年焼失）。なお、博物館の建物は、一時、金沢第二中学校、金沢商業学校の校舎としても使用されている。

文明開化の風景

　維新以降、多くの大名庭園は都市公園として開放され、文明開化の舞台となる。初めて電信を紹介した博覧会、洋食をはじめた料亭など、兼六公園も石川県の文明開化の窓口であった。このうち霞ヶ池畔の酔紅館《すいこうかん》（酔香館）は、金沢ではじめての西洋料理店で、一八七七（明治一〇）年に園内で営業したものである（現在の内橋亭あたり)。上野公園の精養軒のように、公園と西洋料理店の取り合わせは、しばしばみられる「開化の風景」であった。

さきに示した学校通達にあるように、兼六公園内では、「出店等致し置き候望の者」に対して、料亭、茶店などの出店を許していた。その結果、明治期には数十軒の店が軒を並べていたこともある。なお、これらの建物は、「貸下げ規則」によって管理されており、「地所ノ使用ハ十年以内」とし、使用期限中でも官が必要あるとき返還を命ずることができるとされた。

ところで、東京や大阪の公園がそうであったように、兼六公園も金沢の都市公園、つまり市民の広場としての機能を果たしてきた。例えば、日清戦争に際しては、一八九四(明治二七)年一二月一日の「旅順陥落官民合同祝賀会」が一万人の群集を集めて開催された。同じく一九〇四(明治三七)年二月にも、日露戦争の旅順陥落や奉天会戦戦勝の祝賀会等が、それぞれ公園内明治紀念標の前庭で催され、数万人の市民が集まったのである。このほかにも一九一二(大正元)年と一九二七(昭和二)年には、明治天皇、大正天皇の大葬の遥拝所が園内に設けられている。印象としては、天皇や戦争に関した集会が多かったことが特徴といえよう。

とはいえ、一九一四(大正三)年には、市長山森隆に対する問責演説会、一九一七年には永井柳太郎の「落選謝礼」普選演説会、さらに一九二九(昭和四)年の金沢市初の(大衆)メーデーも、この園内で行われている(しばしば、明治紀念標前や長谷川邸跡の広場が会場となった)。いずれも都市の広場、あるいは中央公園としての性格を示し、東京でいうと、上野公園と日比谷公園の機能をあわせもっていた公園の姿といえよう。

保勝問題と史談会

ところで、日比谷公園といえば、東京帝大林学博士の本多静六の設計で知られる。余談になるが、このの ち大正~昭和期の兼六園をめぐって、この本多と金沢出身の東京帝大教授原熙《ひろし》（農学博士）の確執が繰り広げられる。

これよりさき、鉄道の金沢到達にともなう、明治三〇年代後半の都市整備を目的とし、墓地域を含む卯辰山一帯を市民の公園に改修しようとする議論が起きた。この計画は、大正~昭和期の卯辰山公園整備事業に結実する。この卯辰山公園計画が、原のライバルでもある本多に委嘱されたのである。この時期には、近代的な公園から「近世庭園」への回帰を背景に、「保勝」問題が焦点となった。例えば、一八九八（明治三一）年には、明治紀念碑の前にあった米弥楼《よねやろう》や、三芳庵《みよしあん》一帯の「醜い」家屋が、期限切れを利用して再契約することなく取り払われている。一九一一（明治四四）年には、紺屋坂上の覧勝亭および下の菊水茶屋を立ち退かせ、入口の坂道を拡張した。この間、一八九〇（明治二三）年には、公園保勝委員会が設置され、樹木の増植にともなう貸与地制限の検討がなされるなど、景勝の保護がしだいに焦眉と意識されてきたことがうかがえる。

とくに、郷土史家や地元有力者らで構成される「加越能史談会」は、「兼六園保勝会」を結成。その中核として保勝運動を進めた。こうした背景から、県も原熙らに所見を求めたのである。なお、この流れの中で兼六公園は「名勝」に指定され（一九二二年〈大正一一〉年）、「天下の名勝」となった。こうして、翌々年の一九二四（大正一三）年、「兼六園」の旧名に復するのである。

※初出「金沢城・兼六園の近代史」（共編著『金沢市史』通史編三 近代、金沢市、第二章）二〇〇六年

《コラム》兼六園のイメージ

三公園から三名園へ

「天下の三名園」と呼ばれる庭園がある。通常岡山の後楽園、水戸の偕楽園、そして金沢の兼六園をさす（高松の栗林《りつりん》公園などは、これを凌ぐとの見解もあるが）。しかし、この「三名園」はいつごろからそういわれているのか、どうしてこの三カ所が選ばれたのか。少なくとも城や館をもつ大名の数だけ国元の庭園があるとすれば、二〇〇以上は、そうした大名庭園が存在したはずである。また、不思議なことに、三名園に数えられている庭園には、庭園の本場とみなされる京都の寺社庭園は全く含まれていない。また、大名庭園であっても、江戸の「名園」は一つも入っていない。

おそらく「三名園」の呼称は、「日本三景」（天橋立、松島、厳島）との類似から生まれたものだろうが、この三景の初出も、実ははっきりしないという。そもそも地方の城下町において、藩主の庭園が自由な見物の対象として開放されていたとは考えられないから、江戸時代に、誰もが唱えるような「三名園」というような呼称は存在し得なかったことは間違いない。つまり、「三名園」の冠称は、明治以降に生まれ、人々に受け入れられるようになった「近代の表現」であろう。

さて、「日本三名園」をめぐる問題に関しては、庭園史家小澤圭次郎が、一九一五（大正四）年に、『明治庭園記』のなかで述べている説が注目される。すなわち、小沢は、「何人の首唱で出でしか、日本三公園と称し、水戸の常盤公園、金沢の兼六公園、岡山の後楽公園を以て之に充てたり」と記した

兼六園絵葉書（噴水）（石川県立歴史博物館所蔵）

うえで、この「日本三公園」は、「根拠のない妄説・俗説」だと退けたのである。そして、この「俗説」が生まれた発端を匂わせるようなことを別の個所に書いている。これによれば、一八八五（明治一八）年、岡山「後楽公園」に明治天皇の行幸があり、その時各新聞が競って天皇の称賛ぶりをとりあげため、後楽公園の名が知れわたったのだという。その後、「後楽公園」を偕楽園（当時は「常盤公園」）、「兼六公園」と並べて、「日本三公園」と称する「俗説」が生まれたとする。つまり、明治天皇の称賛によって岡山後楽園は全国に認知され、そして「日本三公園」の「俗説」が誕生した。その際契機となったのが、天皇の行幸だったというわけである。

　この小沢説を敷延して白幡洋三郎氏は、「日本三公園の名称が浮上する直接のきっかけは、小沢の言うように岡山後楽園への行幸かもしれないが、底流として、各地への天皇行幸がありそうな気がする」と指摘した。なるほど、これよりさき一八七八（明治一一）年には、天皇は兼六公園に行幸している。また、確かに大名庭園のいくつかは、明治前半の天皇巡幸の際臨行地となっており、そのことでその庭園の「格」が創成された部分がある。

　ふりかえって、一七～一八世紀の日本では、回遊式の広々とした庭園が広まり、各大名が、江戸の藩邸にも国元の屋敷にもこの庭園を競って設けた。こうした大名庭園は、政治的機能として最も重い「将軍御成」の場を筆頭にして、武家による公家の接待や家臣団への慰撫《いぶ》が行われる重要な社交の場であった。つまり、江戸時代の「将軍御成」が、明治になって「天皇行幸」にとってかわったのが、近代における大名庭園系公園の「格付け」の源泉ではなかっただろうか。

「兼六園」のシンボル

一方、兼六園といえば、「徽軫《ことじ》（琴柱）灯籠」である。片足を池の縁石にかけたその絶妙なデザイン性もあって、今日、兼六園のみならず金沢のシンボル的存在となっている。しかし、少なくとも明治期の兼六公園を代表する景観は、雁行橋近くの「大桜の景」であった。例えば、一九〇〇（明治三三）年の「金沢名所」（刷物）には、金沢を代表する「名所」の一枚として、「兼六公園」が選ばれているが、描かれた風景は件《くだん》の「大桜」であった。一九〇二（明治三五）年の「金沢繁昌寿娯六（双六）」の「上がり」も、同じく「大桜」。一八九四（明治二七）年刊の小川孜成著『兼六公園誌』などは、挿入した案内図内に「大桜」はイラスト入りだが、「徽軫灯籠」は表示すらない。つまり、明治期の金沢では、「旭桜」とも称したこの大桜が、公園のシンボルとして親しまれていたのである。ちなみに、この大樹は、樹齢五〇〇年の山桜で、もとは加賀八家（藩老）の村井邸にあったものを藩主に献上したもの。春、花をつけた光景は実に見事であり、園内随一の名所とされた。ところが、昭和初期に衰退枯死してしまい、代わりにシンボルの座に躍り出たのが徽軫灯籠だったのである。

さらに、そもそも「兼六園」という名称自体が、この庭の「大名庭園」イメージを高めてきたこともよく知られる。というのも、この風雅な庭園名は、前老中松平定信が、藩主前田斉広の懇請に応じ命名したもの（出典は、北宋の詩人李格非『洛陽名園記』の「園甫の勝、よく兼ね能ざるもの六あり」）。楽翁

金沢名所「公園内大桜の風景」
（石川県立歴史博物館所蔵）

とも号した稀代の文化大名が、その古典的教養を披歴して「加賀百万石」の大大名に与えたオマージュと伝えられてきた。しかし、近年、当の定信自筆の日記の記述から、彼自身は、「兼六園」の名前やその由来すら知らなかったことが明らかになった。天理図書館所蔵「花月日記」文政五年九月二〇日の条には、「加賀の太守より額字をこふ。（略）兼六とハいかゞと、とひにやりぬ。のちに聞けバ摂家のうちより名付けて、誰やらんの文中、園を設くるに得がたきもの六あり、その六を兼しといふ心ばえなり」とあり、実は京都の公家（鷹司《たかつかさ》氏）が名付け親だったのである（「北國新聞」二〇一一年一一月二九日付）。これも、「大名庭園」＝文化大名による命名、とのイメージを、後年補強したものと推察される。こうしてみると、名園「兼六園」は、実に見事な「近代の記憶」によって彩られてきたことがうかがえよう。

ところで、以上の検証は、兼六園の価値を疑うものでは決してない。むしろ兼六園が、さまざまな歴史的背景とイメージによって、いかに豊かな綾を織りなしてきたかを紹介したいがためである。ことほどさように、「歴史都市」は、まさにその「歴史的な記憶」を読み取る格好の素材といえよう。

※初出「兼六園のイメージ」（「鴨東通信」九〇号、思文閣出版社）二〇一三年七月

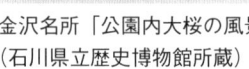

第3章　武士の近代と「学都」

広坂の石川県庁（能登印刷出版部所蔵）

石川県の誕生

一八七一（明治四）年七月の廃藩置県では、旧藩領域を県域、旧藩名を県名としたため、加越能三国にまたがる金沢県が成立。旧大聖寺・富山藩領もそれぞれ大聖寺県・富山県となります。同年一一月には大聖寺県を金沢県に併合。能登全郡と越中の射水《いみず》郡を金沢県と高山県から独立させて七尾県とし、七尾小丸山に県庁を置きます。このとき、金沢県のうちの越中分（砺波《となみ》・新川《にいかわ》・婦負《ねい》郡）は、新川県に併合。金沢県は、旧天領白山ろく一八カ村を除く加賀一国の範囲となりました。

こうしたなか、一八七二（明治五）年四月、薩摩出身の士族、金沢県大参事内田政風《まさかぜ》は、県庁を日本海岸の美川に移してしまいます。美川は藩政期より北前船の寄港地としてにぎわった手取川河口の港町ではありましたが、かならずしも政治的な拠点ではありませんでした。突然の移転の理由は、公式的には能登の大半が「七尾県」として分離したため、従来の金沢では県都が県域の北に片寄り、行政上不便というものでした。もちろん、不平士族対策もあったでしょう。結果、県庁は移転、新県名は県庁所在地の石川郡からとった「石川県」となります。維新政権は朝敵や日和見藩には山や川の名、もしくは郡名をあて、旧藩時代の名称や城下名を採用させなかったともいわれています。翌一八七三（明治六）年一月には、県庁は再び金沢広坂へ戻されたものの、ついに「金沢県」には戻らなかったのです。

※初出「石川県の誕生と県庁移転」（共編著『図説　金沢の歴史』金沢市）二〇一三年三月

Ⅰ　加賀の維新と武士の近代

1、金沢士族と西南戦争

西南戦争と七連隊

征韓論をめぐる「明治六年政変」を契機に、全国各地で維新政府に不満をいだく士族の反乱があいついだ。一八七四（明治七）年二月、政変に敗れて下野した元参議江藤新平は、郷里佐賀で前秋田県権令島義勇《よしたけ》らとともに蜂起したが、大久保利通を中心とする政府軍の迅速な攻勢に屈した。一八七六年には、廃刀令を不満とした太田黒伴雄《ともお》ら旧熊本藩士族が鎮台を襲撃した神風連の乱、政府の開明政策に反対した宮崎車之助ら旧秋月藩士族の秋月の乱、前参議前原一誠ら長州士族の反乱である萩の乱などが頻発した。

不平士族の最後で最大の反乱であった西南の役（西南戦争）は、一八七七（明治一〇）年二月に起こった。西郷隆盛が主宰する私学校の生徒が中心となって決起し、その数一万五〇〇〇の兵士が鹿児島を発って、熊本に向けて進行したのであった。西南戦争は、士族と新しく徴兵制の導入によってできた軍隊との本格的な内戦でもあった。この戦いで政府軍が勝利したことは、「武職」の特権を誇示した

鹿児島賊徒平定図（石川県立歴史博物館所蔵）

いという意識をもった士族が、「国民皆兵」の新生徴兵軍に敗れたことをも意味していた。

ところで、石川県域では、一八七一（明治四）年の廃藩置県によって金沢県・大聖寺県が置かれると、金沢県の初代長官（大参事）には薩摩士族の内田政風が任じられた。これは旧加賀藩の士族が薩摩勢力に結び付こうとして運動した結果ともいわれている。明治初期の県下政界は、陸義猶《くがよしなお》・長谷川準也・杉村寛正ら青年士族によってリードされていた。これよりさき、陸は鹿児島に赴き西郷を訪問。大いに感服して、加賀と薩摩が連携し国家の大略に当たろうと考えたようである。彼らは、征韓論が起こるやその先鋒たらんことを願い出たり、佐賀の乱で捕らえられた江藤新平の減刑運動を起こしたりした。一八七三年台湾出兵が政局の焦点となった際にも、「清国遠征」の従軍を志願して「支那先鋒」と称したことをみると、これらの青年士族たちが、西郷派と呼応して政局への参加、従軍への望みを抱いていたことがわかる。

西郷軍の決起の知らせを聞いた政府は、有栖川宮熾仁《ありすがわのみやたるひと》親王を征討総督に任命し、全国の鎮台（後の師団）兵に出征を命じた。石川県では、金沢の第七連隊本部と第一大隊から第三大隊までが参加することとなり、連隊本部長には平岡芋作中佐が任命された。二月二〇日に連隊本部と第二大隊が金沢を出発したのを皮切りに、順次九州の戦線に投入され、その総数は二〇〇〇名にも達したという。三月には征討軍に編入、博多に上陸。直ちに西郷軍と戦闘を交えている。その後、第七連隊は各地に転戦、四月二一日熊本城に到着したのち、別動第二旅団に編成替えされ、鹿児島まで進撃した。なお、第三大隊は京都の守備に当たったあと、高知県の警備についた。

薩摩軍と官軍との戦いは殲烈を極めたが、圧倒的な軍勢を誇る官軍の前に、西郷軍は九月二四日、退却した鹿児島の城山で敗れ去った。ちなみに、その際、銃弾は西郷隆盛の股部と腹部を貫き、もはや最期と考えた西郷は側近の別府晋介の介錯により自害したという（異説あり）。余談となるが、この西郷の首級を見つけたのは、第七連隊の千田登文中尉が率いた前田恒光一兵卒であったと伝えられる。千田らは、はじめ第二大隊とともに出征したものの、有栖川総督の本営に転属、さらに熊本の第四旅団付き部隊として城山に戦った。前田が溝の中に手拭いで包まれていた塊を発見し、調べたところ西郷の首級であることがわかって、官軍参軍山県有朋に届けたと、後に千田本人が語っている。

新撰旅団と警察部隊

西郷軍に加担しようとする金沢士族の動きは土佐の士族らほど顕著ではなかった。むしろ、旧藩主の説得によって、政府軍への参加者のほうが多数にのぼったともいわれる。政府は、一八七七（明治一〇）六月には、鎮圧のため旧士族を徴募して「新撰旅団」を編成し、徴兵部隊の不備を補おうとした。石川県でも旧士族を募集したところ、一〇〇〇人以上の応募者があったという。

さらに、西南戦争においては、戦局の激化にともない、徴兵制下の陸軍部隊のほか政府軍の要員として約六七〇〇名の警察部隊が動員された。金沢でも、この「巡査部隊」が編成されている。京都東山の霊山《りょうぜん》歴史館には、そのおりの従軍記録が残されている。

この文書は警察部隊に志願した巡査、小林重太郎のものである。これによると小林巡査は、一八七七（明治一〇）年七月三日、横浜より乗船、大分県佐伯村に上陸している。その後、西郷軍との延岡熊野江の戦いに参戦し、勝利。一〇月四日品川港へ凱旋した。一連の任免文書によれば、五月一七日付けで「四等巡査心得」を警視局から拝命。「石川県徴募巡査七番小隊伍長」となり戦地に赴いている。文書には行動日程が細かに記されているほか、旅費、日当請求も警視局用箋に記されている。このお陰か、凱旋後の一一月一三日付で警視局から従軍慰労金二〇円が支給され、一八七九（明治一二）年一二月二二日付の賞勲局総裁三条実美よりの勲功状とともに金七円が下賜されている。小林に限らず、旧加賀藩士の中には、将校・下士官など職業軍人として各部隊の参謀をつとめたものも少なくなく、西南戦争と金沢士族のさまざまなかかわり方がうかがい知れよう。

2、明治紀念標と前田家

西南役戦没者と尽忠碑

鹿児島での戦いは政府軍の勝利に終わり、第七連隊は一〇月下旬金沢に帰還した。西南戦争で戦死した石川県人は、出兵した兵士のうち約二割に当たる三九〇余人であった。これらの戦没者を慰霊するために、尾山神社の境内に建立されたのが、「尽忠碑」である。

尾山神社（旧金谷《かなや》出丸＝金谷御殿跡地）は、藩祖前田利家を祀った創建神社で、一八七三（明治六）年に建設された。この境内に、生還した兵士らが中心となって、戦死者の霊を祀るため、一八七八年九月「尽忠碑」（径一・五メートルほどの円盤形石碑）が建立された。旧藩主前田斉泰《なりやす》は、自ら碑文を撰するとともに、建立の資金の一部として二五〇円を寄付している。ところで、西南戦争尽忠碑は、このようにもとは尾山神社の境内にあったのだが、現在は兼六園内に移されている。というのも、尽忠碑に加え西南戦争の戦死者のための大記念碑を兼六公園の中に建てる計画が起こり、その紀念碑が建立された際に移設されたのであった。尽忠碑だけでは十分でなかったと意識されたのか、あるいは、神社に建造されたもののほかに、公園にも必要であるとされたのだろうか。建碑の過程をみてみよう。

明治紀念標の建設

兼六園の「千歳台」には、古代神話の英雄、日本武尊《やまとたけるのみこと》の像が広場を見渡すように聳《そび》えている。大名庭園にしては珍しく眺望のよい平坦地に建つモニュメントとして、江戸時代の庭園にはある種異様な光景ともいえる。

この銅像は、有名な靖国神社の大村益次郎像にさきだつ、日本最初の屋外銅像で、西南戦争の戦没者慰霊碑として建立されたものである。戦闘の余韻もようやく落ち着いてきた一八八〇（明治一三）年のはじめ、陸軍金沢営所の将校（中心となったのは連隊長山口素臣中佐）や県令、県庁の官吏、さらに宗教家らが協議して、兼六園の中に西南役戦没者のための記念碑を建造する議が起こる。前々年の

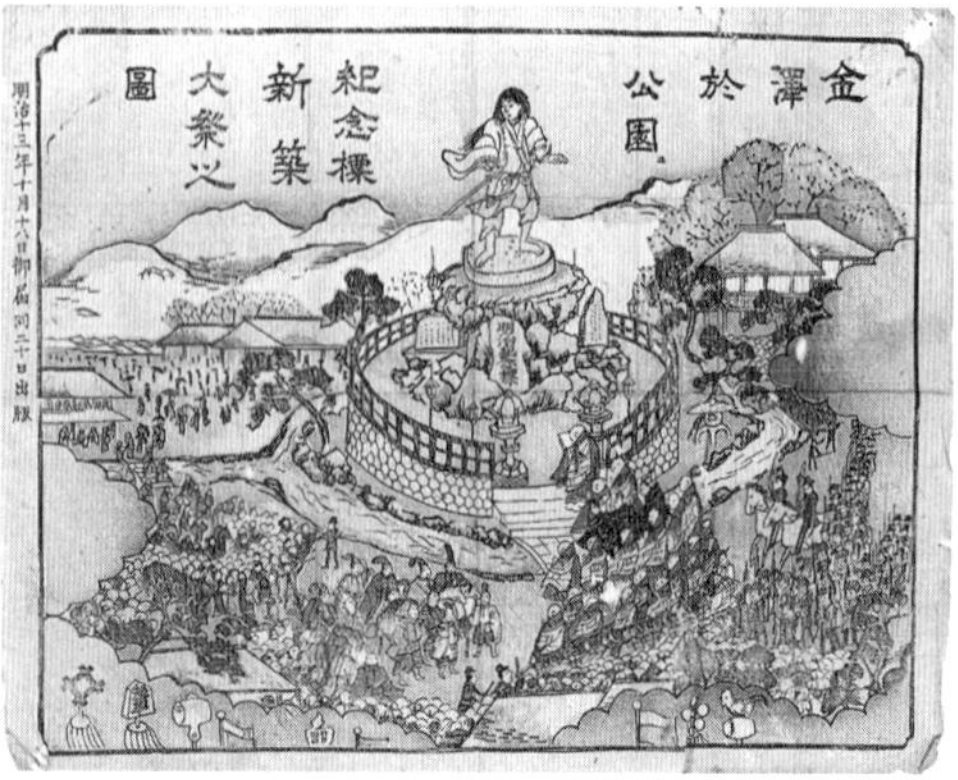

明治紀念標新築大祭之図（金沢市立玉川図書館所蔵）

一八七八年一〇月には北陸巡幸が実施され、金沢にも明治天皇が行幸。小立野の上野練兵場臨行の際に兼六園に立ち寄ったことも、記憶に新しかった。このことも契機のひとつであったようである。

いずれにせよ、一八八〇（明治一三）年一〇月には、「日本武尊」を象《かたど》った巨大な記念建造物が、高岡銅器の鋳造技術（と加賀の庭園石組み技術）を駆使して完成された。この像の築造にあたっては、天皇をはじめ旧藩主前田斉泰、さらに東本願寺からも多額の寄付が寄せられている（明治天皇一〇〇円、前田斉泰七〇〇円、東本願寺二〇〇〇円）。また、西本願寺は標の外回り柵などを寄進し、庶民の寄付も県内はもちろん、遠くは長野からも献金を得た。こうして同年一〇月二六日から三一日にかけて、浄土真宗大谷派の法嗣大谷光尊ら各宗派の僧侶や神職が来会して霊を弔い、盛大な完成供養が六日間つづけられたのである。

ところで、銅像のモデルが「何故、日本武尊なのか」という疑問がある。これについては、従来いくつかの説がある。森田柿園の『金沢古蹟志』には、「記《（ママ）》念標に標出せる日本武尊の銅像は、是景行《けいこう》天皇（一二代）の御世、尊をして熊襲国《くまそこく》を征伐せしめられし故事によったるものにて、熊襲国は即ち日向・薩摩の地なればなり」としている。すなわち、官軍に対して反乱を起こしたのが、西郷隆盛を中心とした薩摩や日向の士族であり、それを鎮めるために戦って戦死した兵士の記念碑だからだ、というのである。ところが、これには異説もある。例えば、日本武尊東征のおりに、この国の人たちが挙げて尊の軍に加わったことを喜びたたえたという神話によった、とするものである。すなわち、「加賀」の国名伝説と日本武尊神話の逸話に、その背景を求めるという説である。

さらに、「青年皇族」の勇姿からは、あるいは、先年、北陸を巡幸した若き明治天皇の姿を写したものともいえなくはない。ちなみに、金沢行幸の際も、天皇は侍従高辻修長を遣わし、卯辰山招魂社に宣命を奉じているのである。

とすれば、「日本武尊像」に託したイメージは、もちろん表向きは西南役の犠牲者、かつての加賀藩の臣下たちを慰撫《いぶ》する武人像であったとしても、含意に、兼六園を訪れた若き明治天皇の面影や、あるいは、征討軍総督有栖川宮熾仁親王、さらには威仁《たけひと》親王のイメージが重ねられたとしても（一五頁参照）、必ずしも不自然ではないといえよう。

3、紀尾井町事件

不平士族と忠告社

西南戦争の勃発した一八七七（明治一〇）年前後には、全国の旧藩士らの明治政府への不平、不満は尽きることがなかった。旧藩時代の家禄が没収されて生活苦に直面したのが第一の理由だったが、中央・地方を問わず、政界・官界が薩長を中心とした藩閥に牛耳られたことが、一層の不満をかきたてた。

金沢におけるこれら士族の動きとして確認できるのは、表立っては、「忠告社」の活動である。一八七四（明治七）年末に設立趣意書が回覧され、翌年はじめに正式に設立の運びとなった政治結社である。旧金沢藩・旧大聖寺藩の中下級士族たちを中心に構成された。一時は土佐の立志社、阿波の自助社と並び称される全国的にも有力な士族結社であったという。

忠告社は、県官の上層部を占めていた西郷派の杉村寛正・久島彦二郎・小幡造次・米山道生・草薙尚志・加藤恒・大塚志良・陸義猶・斯波《しば》帰一・長谷川準也・河崎曽平・佐々木辛一郎らを中心に結成された。廃藩のため解散された旧藩士の多くが参加、その数一〇〇〇人を突破し、大きな勢力を持っていた。主要なメンバーは官とも結び付き、県政に参加するものも多く、内田県令も一定の好意を示していたという。しかし、一八七五（明治八）年内田が辞職し、岐阜県士族の桐山純孝が代わって県令となるや、忠告社と意見が対立するようになった。桐山は自由民権を唱導する徒党が社会を乱すことを諫めた告諭を発するなど、忠告社と反目。このため、一八七七、七八（明治一〇、一一）年頃より忠告社の勢力は次第に衰えをみせた。

ところで、『自由党史』によると、一八七五（明治八）年二月、いわゆる大阪会議のすこし後、立志社のよびかけで結成された愛国社の創立集会に、のち大久保暗殺にかかわる陸義猶と島田一郎が金沢から出席したとされ、従来この説が通説となっていた。しかし、加賀から出席したのは石川九郎と林顕三であった事実が、近年実証された。しかも、石川も林も武断派ではなく、忠告社は、その幹部と角逐して「三光寺派」を形成した島田一郎らとは、一線を画していたという。つまり、忠告社は、対外的には征清・征韓・征台派ではあったものの、国内的には士族授産等、経済的教育的事業を重視する文治派だったのである。

島田一郎と三光寺派

　さて、金沢の島田一郎（「一良」とも記す）は、鬱積を政治の世界に向け、杉村寛正や陸義猶たちと交わる。杉村は、のちに大久保暗殺の実行者となった杉村文一の兄である。陸は、鹿児島を二度も訪れるような、金沢で最も薩摩派の士族で、島田の「西郷信奉」は、陸の影響であったという。

　その西郷は、全国の旧藩士族の期待を一身に担っていた。一八七三（明治六）年、西郷らは、士族の不満解消をも狙って、征韓論を主張。しかし、大久保利通らは征韓論を退け、農、町民を主力とする富国強兵策に力を注いだ。こうした状況では、政府軍への仕官を当てにしていた下級士族らの不満は、増すばかりであった。

島田一郎肖像
（石川県立歴史博物館所蔵）

　征韓派の敗北の翌年、台湾出兵問題がおこる。杉村や陸は、「支那先鋒」を希望して、金沢士族の「従軍志願書」を陸軍大臣の西郷従道に提出している。もちろん、島田もその先頭に立った。しかし、これも不発に終わってしまう。こうして、杉村や陸らが中心となった忠告社の結成にいたるのである。

　その忠告社の結社式当日、島田は、一〇〇人ばかりの徒党を率いて会場の金沢東別院に入ろうとし、杉村らに阻止されるという事件がおこる。島田のもとには、直情径行の落伍者が多数かかえられており、これら「危険分子」を容易に受け入れる島田のやり方に、杉村は危惧を感じていたのであった。また、忠告社の趣意書には、それでも自由民権の影響が一部反映しており、島田らの「実力行使」の必要性を説く強行論とは相入れなかったものといえよう。もちろん、忠告者も三光寺派も「自由民権」のための結社ではなく、いわゆる「不平士族」の徒党であったことには変わりはない。ことに忠告社は「利権党」と批判されるように、猟官的な士族集団という傾向が強かったのも事実である。

しかし、一方の三光寺派も、島田が「官」に反感をもっていたとはいうものの、かなりの数の警部・巡査が参加して公然と島田の行動を支えていた。互いに「人民の権利」を標榜してはいるものの、民権政治を志向していたわけではなかったのである。

いずれにせよ、彼らの関心は、専ら西南日本の「不平士族」の動向と、政府の対外政策に注がれていた。こうしたなか、神風連・秋月・萩の乱と士族反乱が相次ぐ。そして一八七七（明治一〇）年二月ついに西南戦争が勃発。島田・長らが待ちに待った西郷の挙兵であった。しかし、彼らの奔走も空しく、忠告社は決起せず、西郷は戦場に倒れてしまったのである。

なお、このころ島田の同志となったのが、長連豪《ちょうつらひで》であった。長家は加賀藩家老職の名門で、連豪は分家筋にあったが、それでも島田とはちがって教養を身につけ、いかにも落ち着いたインテリ青年の雰囲気を漂わせていたという。

大久保利通の遭難

一八七八（明治一一）年五月一四日に起こった紀尾井町事件は、明治政府の中心人物大久保利通の暗殺という、社会に大きな衝撃を与えた事件であった。とりわけ、首謀者の多くが旧加賀藩士であったことから、石川県の近代史にとっては特筆される出来事といえよう。

西郷下野後、大久保は、文字通り政府の「大黒柱」であった。危機に直面した政府を立て直すため、参議、諸省卿兼任の原則をうちだし、政治方針と行政との統一をもとめた。一八七三（明治六）年一一月、内務省が創設され、二九日、大久保が初代内務卿を兼任している。内務省には、勧業寮、警保寮、戸籍寮、駅逓寮、土木寮、地理寮、測量司、記録課、庶務課が置かれた。内務省は「国内安寧、人民保護ノ事務ヲ管理スル所」であり、内務卿は、天皇への直接責任を負うことで他省の卿より一段高く位置づけられ、事実上の首相であった。

大久保利通像下絵
（神奈川県立歴史博物館所蔵、石川県立歴史博物館図録より転載）

このうち勧業、警保二寮が一等寮とされたのは、内務省の主要任務を物語るものであろう。前者は殖産興業の総元締めであり、後者は全国警察行政の中枢であった。大久保は、大隈重信大蔵卿、伊藤博文工部卿を左右にしたがえ、三者の結合を軸に政府首脳の一致結束で近代国家建設、資本主義経済育成の目標にむかって邁進したのである。

島田一郎梅雨日記（六人揃の場面）
（石川県立歴史博物館所蔵）

一方、島田が暗殺という行動を決意したのは、政府軍が熊本城包囲陣を破ったという情報を耳にしたときであるという。西郷軍の敗北によって追い詰められた島田と長は、少数精鋭による要人暗殺計画へと猛進する。

この計画を成功させようと、二人は、一八七七（明治一〇）年七月頃から周辺に同志を募り始めた。このなかで、暗殺に参加したのは、島田・長のほか、杉村文一・杉本乙菊《おとぎく》・脇田巧一・浅井寿篤《じゅとく》の六人。浅井のみが島根県士族であった。

ところで、大久保を討つためには、「大義名分」が必要だった。これには陸が筆をとって「斬奸状《ざんかんじょう》」を作成した。斬奸状の中には五カ条に及ぶ暗殺理由が詳細に掲げられている。いわく「薩長藩閥の専制独裁」、「法令の乱用による政府官吏の私利私欲」、「国費の乱費と憂国の士の排斥」。すなわち、大久保らの「有司専制」は、民権を抑圧して国費を浪費し、さらに外交の失敗により国権の失墜を招いたというのである。大久保を頂点とする薩長政権を痛烈に弾劾、天下に事の成否を問う内容であった。こうして、大久保の暗殺は、政府打倒に執念を燃やし続けた島田の最後の手段となった。

事件の現場

五月一四日、事件当日の朝。大久保利通は、来訪していた福島県権令の山吉盛典に次のように語った。「明治元年からのこの一〇年間の日本は、ゼロからの出発であり、なにもかも最初からで、しかも兵事が多く、創業の時代であった。これから先の一〇年は、内治をととのえ民産を興す、すなわち建設の時代で、これは不肖わたし利通の尽くすべき仕事である。さらにそれから先の一〇年は、優秀な後輩があとを継いで、明治の日本を発展させてくれるであろう」（佐々木克『日本近代の出発』）。自負と意欲あふれる大久保の姿がそこにあった。「創業の時代」のリーダーシップを大久保が誰よりも担っていたことは、まがいない事実であった。

さて、島田らが暗殺決行の場所として選んだのは、紀尾井坂から赤坂御門にいたる大久保の出勤途上であった。北白川宮邸と壬生《みぶ》邸とにはさまれた、人通りの少ない物静かな街路である。早朝から島田の下宿に六人がそろい、準備万端身支度も整ったところで、時刻は午前七時を少し回った。六人は紀尾井町に向かう。現場では、打ち合わせどおり長と脇田は何気ないふりをし、島田ら四人は板囲いで身を隠して大久保を待ち伏せた。

大久保は、二頭立ての箱馬車に乗り、裏霞が関の自邸を出た。馬車は紀尾井町一番地へと差し掛かる。赤坂御門の前を曲がり、壬生邸の横にかかった（したがって、事件現場は正確には「紀尾井坂」ではなく、「紀尾井町」である）。大久保はこの時車内で政務の書類を見ていたという。馬車が六人の前に現れると、馬の前足を刀で切りつけ馬車を止めた。御者を刺し、車内より大久保を引きずり降ろす。一同はすかさず大久保に群がり、乱刀のもとに倒し、「止どめ」を刺した。大久保利通、享年四九（数え年。満四七歳）。

このとき参議兼内務卿であった。

事が終わると一同は、赤坂皇居へと出頭した。知らせを受けた西郷従道《つぐみち》が駆けつけたときには、既に大久保は相果てた後であった。自首に際し島田は、「三千万の国民は、官吏を除けば、みな我々の同志である」と豪語したという。実際、島田らの行為に対して、快哉《かいさい》を叫ぶ声が一部で沸き上がったのも事実であった。しかし、「斬奸状」は政府に握りつぶされ、掲載に踏み切った新聞は発行停止処分となった。反政府行動の高まりを期待した島田らの思いは夢に終わったのである。

暗殺から二カ月余りを経た七月二七日、東京市ヶ谷で、六人は次々と斬首刑に処せられた。島田を先頭に、いずれも堂々と死に臨んだという。島田らの墓地は東京谷中墓地にある。なお、金沢には、島田をはじめ六人の名を刻んで建てられた石碑が、野田山墓地野田口の道路わきに建てられた。

遭難した大久保の葬儀は五月一七日、神道式で行われ、明治天皇の使者や政府高官をはじめ、諸外国からも多数の人々が参拝した。自邸を出た柩は儀仗兵が護送し、青山墓地に葬られた。いわば「国葬」の礼である。また、大久保暗殺の報は、直ちに日本全国に伝えられた。当時の新聞記事にも散見される。さらに、岩倉使節団の副使として一八七一（明治四）年から七三年にかけてヨーロッパ各国を歴訪したこともあり、欧米諸国の要人たちにも大久保の名前は知られていた。翌々日の「ロンドン・タイムス」にもその死が報じられた。ちなみに、タイムスの記事は、「大久保は日本の最近の台頭をもたらした、すべての改革の推進者であり、そしてこれらの理由で禁止された悪弊の擁護者から特別憎まれていた」と論説し、「彼を失ったことは日本にとって国家の不幸である」と評した。

4、明治天皇の北陸巡幸

北陸巡幸と金沢

明治政府の要人たちが、大久保暗殺のショックからようやく立ち直りかけた頃、再び大きな衝撃をあたえる事件が起こった。近衛兵の反乱、「竹橋事件」である。一八七八（明治一一）年八月二三日の夜一時半過ぎ、東京麹町区竹橋にあった近衛砲兵大隊の兵士約二〇〇名が蜂起、制止する隊長を殺し厩に火を放った。一部の兵士は半蔵門を突破、当時仮皇居となっていた赤坂離宮に向かったが、門近くに至ったところで鎮圧された。この間、二時間の短い蜂起であったが、陸軍卿山県有朋ら政府の要人や軍上層部は、この事件に大きな衝撃を受けた。事件で処罰された者は、全部で三六一人。死刑に処せられた者が五五人にものぼる。これは異常な数字といえよう。処刑は有無をいわさず銃殺刑とされた。

行動を起こした兵士は、西南戦争の論功行賞の不公平、兵卒の待遇への不満をあげていた。近衛兵は、徴兵された者からさらに選抜された特別な兵士であるが、処刑者の出自からみると平民三一、農民一九などが主力で、士族は四人にすぎなかった。すなわち、近衛兵のみならず、当時の徴兵全体が士族ではなく、すでに農民主体の軍隊となっていたことがうかがえよう。

竹橋事件から三カ月後、天皇の北陸巡幸が実施された。新政府への恭順を国民に明らかにした、一大ページェントであった。紀尾井町事件の後、はじめての天皇巡幸となったのがこの北陸巡幸であったのも、歴史の皮肉といえよう。

北陸東海御巡幸石川県下越中黒部川図（石川県立歴史博物館所蔵）

明治の初年から一〇年代にかけて行われた、いわゆる明治天皇の六大巡幸は北海道から九州までほぼ全国に及んでいる。同五年の近畿・中国・九州へむけての巡幸を皮切りに、一八七六（明治九）年の奥羽巡幸、一八七八（明治一一）年の北陸・東海巡幸、一八八〇（明治一三）年の山梨・三重・京都巡幸、一八八一（明治一四）年の山形・秋田・北海道巡幸、飛んで一八八五（明治一八）年の山陽道巡幸と続いた。明治の前半はまさに巡幸また巡幸の時代であった。そして、これらの巡幸によって、明治天皇は近代化の途上にある地方の実情を直接うかがうことができ、一方、天皇一行を迎える民衆は、目の当たりにした天皇をシンボルとして新しい時代を実感したのであった。

「北陸東海御巡幸石川県下越中国黒部川図」という錦絵がある。北陸巡幸の折の鹵簿《ろぼ》のありさまを描いたもので、地方警部、騎兵、近衛士官、大臣参議、宮内卿等を前後に引き従えた、「ミカドの行列」の威容がよく伺える。このとき明治天皇は、右大臣岩倉具《とも》視《み》ら随行者七九八人、乗馬一一六頭という大行列を組み、信濃路を高田へぬけて、いったん新潟・長岡へ赴いたのち、九月二八日、越中新川《にいかわ》郡境川に到着。石川県に入って、県令桐山純高らによる奉迎をうけた（当時越中国は石川県管下）。以後、魚津、富山、石動《いするぎ》を経て、一〇月二日金沢に。金沢市内では南町の中屋彦十郎宅に宿泊した。三日は、県庁、師範学校、裁判所、勧業博物館、第七連隊の上野練兵場、大手町の医学館などを訪問。翌四日は第七連隊の金沢営所、公立中学師範校、撚糸会社・製糸会社・銅器会社を見学している。

明治天皇行在所（中屋家）（金沢市所有）

行在所と家柄町人

金沢での行在所《あんざいしょ》となった中屋彦十郎家は、薬屋を家業とし、代々町年寄を歴任した旧家（家柄町人）である。一〇月二日に天皇を迎えたが、そのさき一カ月をかけて門や風呂場・便所などを新改築。天皇が使用する部屋（玉座）をはじめ、随員の部屋まで、それぞれ慎重に飾りつけられた。一週間前には、家族一同は近くの持ち家に移り、店舗もほかの場所に臨時営業。このため中屋家は「ほとんど完璧な行在所」であると、天皇側近も評価したという。

天皇の供奉《ぐぶ》は、右大臣岩倉具視・大蔵卿大隈重信・工部卿井上馨《かおる》以下数百名に及んだ。薬種商で、同じく家柄町人出身の石黒伝六家には、井上馨の一行が宿泊している。石黒家文書には、その折の献立や宿泊の様子を伺う文献が多数残されている。

こうして、初めて見る天皇旗や天皇の馬車、近衛騎兵の姿は、人々に新しい時代の主人公が誰かを教えたことであろう。行幸に当たっては、旧金沢藩主前田斉泰《なりやす》が、数日前に、わざわざ東京から金沢に駆けつけ、天皇を迎えて連日行在所に機嫌を伺いに参上している。おそらく、政府から内々の意を受けた一種の演出であったにせよ、金沢でもっとも権威のある旧藩主が、若き天皇の前で平伏する姿を、民衆はどのようなまなざしで受け止めただろうか。なお、同時にこの巡幸は、通信設備や道路などの整備改良をもたらし、文明開化の一区切りともなっている。

ところで、今回の地方巡幸は、皮肉なことに、自由民権運動の高揚のなか、人心収斂《しゅうれん》のために大久保その人が企図したものであったという。石川県下への行幸には、五月の大久保暗殺事件もあって、岩倉具視ら政府高官はことのほか警戒心を抱いていた（ちなみに、「斬奸状」には、「大久保の次は岩倉」と標的にされていた）。

その後、天皇一行は、東海道経由で一一月九日に帰京。数カ月にわたる旅程といい、規模といい、この期の天皇巡幸のうちでも最大、屈指の大旅行であった。もとより、天皇の行幸はきわめてその時代の特徴を色濃く反映したものである。北陸地方への巡幸は、この時点における北陸の歴史的位置を浮かび上がらせたものといえよう。

Ⅱ 「学都」を支えた、前田家の財力

1、高等教育の学校が次々開設

金沢は、久しく「学都」と称されてきた。とりわけ明治中期以降から昭和戦前期に至る半世紀は、「四高」の存在がそのイメージを決定的にしたことはいうまでもない。しかし、その第四高等学校が金沢に創設された背景には、藩校教育をはじめとする加賀藩の文教・学術文化の土壌があったことを忘れてはならない。幕末・維新以降、数学、医学、造船、文学など、近代日本の教育・学術文化の先進地として、金沢は大いに注目された。一八七七（明治一〇）年には、全国的にもまだ数少なかった中学師範学校も設立されている。同校は、一八八一（明治一四）年石川県専門学校となり、西田幾多郎《きたろう》や鈴木大拙《だいせつ》ら多くの人材を輩出。北陸にあって、中央に雄飛する若者が拠って立つ基盤として重きをなしていた。

一方、養生所・医学館の系譜をつぐ金沢医学校も一八七九（明治一二）年に設立され、一八八四年には石川県甲種医学校となり、同じくこの地域の医学教育の雄と目されていた。この両校が四高の前身校の中核となる。

このように、明治期教育の特徴のひとつは、藩政末期の諸学校の系譜を継いだ、高等専門教育の充実ぶりであろう。これらは、藩政期に儒者新井白石が金沢を「天下の書府」と称賛した伝統によるところが少なくない。もちろん、その源流は加賀藩五代藩主前田綱紀《つなのり》の文教政策や、一一代藩主治脩《はるなが》の時に設立された藩校明倫堂・経武館に遡るが、直接的には、幕末維新期の洋式諸学校の存在が大きい。ペリー来航以来、各藩の海防軍備が重視されるようになると、一八五四（安政元）年八月、金沢城下にも軍事科学・教練施設として壮猶館《そうゆうかん》が創設され、その付属施設の舎密局《セーミ》、いわば理化学研究所が設置される。

この延長線に英学所や致遠館《ちえんかん》、中学東校という洋学諸学校が設置され、明倫堂の後身である中学西校とともに金沢中学校の創設に至るのである。さらに、明治初年には全国でも早い段階で、鉱山学所、医学館、理化学校などが設けられ、お雇い外国人教師を招いた高度な伝習が行われてきたのであった。

2、四高開校へ猛烈な誘致運動

こうした前史をへて、一八八六（明治一九）年の「中学校令」による「高等中学校」が、全国に五校設けられることになる。

石川県は、富山、福井、新潟県を所管とする第四区に指定され、この四県で設置を競うという、比較的有利な立場にはあった。とはいえ、すでに公立の専門学校及び医学校を持つ石川県としては、とりわけ高等中学校設置の要望が強く、猛烈な誘致運動が起こる。〝百万石〟のプライドを色濃く残す地元の熱意もあって、岩村高俊知事以下、官民あげての猛烈な運動が展開された。例えば、校舎等の新設費として、一二万円という巨額の地元負担が課せられたが、このうち約八万円は旧藩主前田家の寄付により、残りは県民の寄付によってまかなわれたという。また、開講式に当たって地元有志（中屋彦十郎他二〇三名）より、当時きわめて高価であった辞典「エンサイクロペディア・ブリタニカ」が寄贈された。市民の四高への期待の大きさがうかがえよう。

第四高等中学校校舎（能登印刷出版部所蔵）

　余談ながら、地元視察で金沢に訪れた文部省の次官や学務局長に対して、「鍔甚《つばじん》」「山ノ尾」などの高級料亭で相応にもてなし、石川県の「教育熱心さ」が高く称賛を受けたともいう。こうした努力が実って、みごと誘致に成功。一八八七（明治二〇）年一〇月、第四高等中学校が金沢に創設されたのである。

　ちなみに、金沢の第四高等中学校は、仙台の第二高等中学校と同時に開設され、翌月の熊本第五高等中学校と設立時期を同じくしている。

　すでに東京大学の予備門として開校していた第一高等中学校、前年四月に出発した第三高等中学校とともに、いわゆるナンバースクールの一角をなした。数年を経ず、広坂通りには二万坪の敷地をひかえた瀟洒《しょうしゃ》な赤煉瓦校舎も建設され、市民に誇りを植え付ける大きな契機となったのである（敷地は、藩校の跡地を含む）。

四高の開学をみた明治二〇年代前半の金沢は、明治初年以来、十数万人台を擁していた「三都に次ぐ」人口が九万人台に減少し、「百万石の城下町」も日一日と斜陽化しつつあった。こうした情勢を何とか打開し、市制施行を機に往年の繁栄を取り戻そうとする地域住民の意識に、四高の開学は大きな誇りと期待に映ったにちがいない。そして、実際に四高のステータスと人脈が、この地に有形無形の恩恵を与えてきたことも事実なのである。

3、幅広い分野の人材育つ

「高等中学校の役割」には、帝国大学に進学するものに対して必要な基礎教育と、卒業後各種の実務につく中堅指導者のための高等専門教育という二つの目的があった。

しかし、実際には前者に重点が置かれたようである。四高生徒の出身地は、ほぼすべての道府県にわたり、全国から秀才が集まった。とはいえ、当初「学区」でもあった北越四県がやはり多かったようである。とくに開学時に前身校の学生や教師を引き継いだこともあって、四高は、設立当初、一高・五高をはるかに凌駕する学生数を誇っていた（このため旧加賀藩出身の東京帝国大学入学者は少なくない）。

こうした「加賀出身の卒業生」には、全国のみならず世界的なレベルで活躍するとともに、四高の縁故もあって金沢、石川県の学術・文化や地域振興に寄与した人材が多いことが知られている。

第一回生（一八八九〈明治二二〉年卒）の木村栄《ひさし》（天文学）を筆頭に、理系から教育、法律、文学、行政、軍人など幅広い分野の人材が育っていることがわかる。
大正以降の卒業生にも、東大教授で真宗僧侶の花山信勝《しんしょう》（第三〇回生・一九一八〈大正七〉年）、物理学者中谷宇吉郎（第三四回生・一九二二〈大正一一〉年）、社会運動家石堂清倫（第三六回生・一九二四〈大正一三〉年）、建築家谷口吉郎・金沢市長岡良一（第三七回生・一九二五〈大正一四〉年）らが続き、昭和の卒業生のなかからは、のちの金沢大学教官になった人材も少なくない（松田章一「四高人間山脈―偉才異才群像」『北國文華』第二九号所収、参照）。

また、学問の中心としての「学都」の役割も忘れてはならないだろう。例えば、四高に在職した教授陣のうちには、有名な西田幾多郎教授の他、近代日本の政治・経済・文化の各界で活躍した人物を多数輩出している。「知の集団」としての四高や医科大、高等工業の教官たちもまた、（膨大な蔵書や資料も含め）「学都」の財産であった。

なお、明治以来、学校のある町には、その校門の周辺に学生相手の書店、文房具店をはじめ、煙草屋、食堂、喫茶店など、さまざまな商店や下宿が立地する。金沢でもこうした「門前の商店」は少なくなく、学生にとっても、こうした商店を通じた市民との温かい交流があった。

4、四高が育てた人材が街を育てる

なかでも四高の学生は、そのほとんどが大学進学を希望し、またそれが制度的に保障されていたため、今日の高校生の生活とは違って、真理の探究やスポーツに青春を謳歌することができた。ストームや南下軍の伝説、喫茶店や映画館をめぐるモダンな文化など、そのエピソードは枚挙にいとまがない。例えば、四高の音楽会・絵画会・短歌会などは、金沢市民にも大いに刺激をあたえており、講演部の全盛期には、市民を対象とする北陸三県の移動講演会も行われた。さらに、学生の中には、地域文化の担い手たることをめざして、直接市民とともに活動した者たちもいた。大正期の四高文芸部員らの新興劇団「世紀座」への参加は、学生の芸術志向や使命感の現われともいえよう。こうした戦前からの文化運動の指導者であった四高教官伊藤武雄（のち校長）は、戦後も『文華』（のち『北国文化』で現在の『北國文華』の前身）の創刊にかかわり、文化復興に尽力している。一方、卒業生の中には先述のように、のちに教育者や政治家、行政官僚として、石川県や金沢市の発展に尽くしたものも少なくない。まさに四高が人材を育て、その人材が街を育てる一翼を担ったものといえよう。

戦後、すべての高等教育機関は〝新制大学〟に再編された。四高は、形式的には金沢大学に「受け継がれる」ことになる。むろん、誇りある母校の消滅に直面して、四高生の多くは批判的であったが、明治・大正・昭和の半世紀以上にわたる歴史を刻んできた第四高等学校は、その役割を終えた。四高の閉校を受け、市街一等地の同校跡地は、重要文化財の「本館」を含め、活用をめぐって複雑な経緯をたどったものの、中西県政のはじまりとともに中央公園構想が進められた。現在、四高本館は「石川四高記念文化交流館」に生まれ変わり、運動場を含む広大な敷地は「いしかわ四高記念公園」として市民の憩いの場になっている。

そもそも旧制高校は最終的に三九校あったが、既述のように、最も早い明治二〇年前後の開設は、一高（東京）、二高（仙台）、三高（京都）、四高（金沢）、五高（熊本）のみ（千葉・岡山・長崎にも、一・三・

五高の医学部が置かれた）。その中で、赤煉瓦の校舎が今も残っている金沢と熊本はナンバースクールの伝統を濃厚に伝える貴重かつ希少な都市なのである。

このように金沢では、藩校の系譜をひく四高をはじめとする多様な教育・研究機関が、人材育成等を通して地域の発展に一定の役割を果たしてきた。戦後の金沢も「学都」としての性格を継承し、都市の人口規模に対して、きわめて多くの高等教育機関（大学・短大・高専）を有している。とはいえ、少子高齢化・大学全入時代に入った今日、「学都」金沢の発展を期すためには、より一層、地域との共生が模索されなくてはならない。「学都」の歴史や遺産に過剰に頼ることなく、市民・県民に開かれた「学術・教育の都」の再生を期待したい。いわば「学都」の名に恥じぬ、文化の香り高い、「風格」漂う街づくりをめざしたいものである。

《コラム》金沢版、士族の商法

県庁移転に象徴されるように、かつては江戸・京都・大坂の三都につぐ大都市と謳われた金沢も、維新以降の衰微の様は目を覆うものがあった。当時、金沢の人口のほぼ半数が武士によって占められていた。その武士層が、版籍奉還に伴う改革で一挙に俸禄を減らされたため、彼らの消費に支えられていた城下の経済は、火の消えるように沈滞してしまったのである。

また、武士以外の人口、すなわち商人や職人の多くも、結局は武士経済に依存していたため、急激に景気が沈み込んだのは当然といえよう。例えば、加賀藩の誇る御細工所《おさいくしょ》（藩営の工芸工房）の二〇数種の職種のうち、具足、春田細工（兜《かぶと》）、鞍打《くらうち》、刀鍛冶、研物《とぎもの》など武具関係のみならず、蒔絵《まきえ》、象眼《ぞうがん》、加賀鐙《あぶみ》など、「御内用」（調度品）や「進物」（贈答品）のために、藩主や藩の注文に応じたものまで、当然のことながら武家の需要があっての職人仕事であった。こうした事情は、八家をはじめとする人《ひと》持組《もちぐみ》以下の平士、はては徒《かち》・足軽に至るまで、城下のあらゆる層の武士と町人・職人との関係にあてはまったのである。

もちろん旧武士のなかには、軍人・警官・官吏・教師などとして、それなりに第二の人生を歩んだものもあったが、「士族の商法」よろしく、織物や陶器製作、あるいは箔打ちなどの職へ転業後失敗したり、あるいは金沢に見切りをつけ他府県へて去ってゆく者も多かった。このため、金沢城下でもかなりの区域を占めていた武家屋敷が、あちこちで空き家になり、地子町《じしまち》筋にいたっては田畑になってしまったところもあったという。

「士族の維新」を語る際、しばしば引かれるエピソードがある。明治の末年、都市改造計画の必要から、城下町の中心部を貫く幹線道路を建設するため、金沢城の百間堀を開削する工事が試みられた。このとき堀の水を抜くと、いくつもの白骨死体があがったという。これらは明治前期の困窮時代に石川橋から身投げをした士族やその家族の遺体だったと伝えられている。このように、とりわけ旧武士層やこれに寄生するがごとく生計の道を建てていた町人・職人層の困窮は、それぞれの誇りの高さに比して極めて大きなものがあったといえよう。

ちなみに、幕末期に金沢と同様、三都につぐ大城下町とされた名古屋（尾張城下では「四都」とも称したという）の都市人口は、一八七三（明治六）年には金沢とさほどかわらぬ一二万人台であった。しかし、一八九〇（明治二三）年には一六万四八四九人、一九一〇（明治四三）年には四〇万五六〇六人と増え続け、一九二〇（大正九）年には四二万九九九七人、一九三〇（昭和五）年には九〇万七四〇四人となっている。戦前の時点ですでに百万都市（一三〇万人台）を形成しており、金沢とは対照的な動向を示しているのである。

※初出「城下を『破壊』した明治維新―『加賀百万石』の退勢と復興―」（『北國文華』一一号、北國新聞社）二〇〇二年（抄録）

第4章 「百万石」の殖産興業

加州金沢製糸場之図（外観　石川県立歴史博物館所蔵）

武家屋敷と殖産興業

金沢は、全国でもまれな非空襲都市であり、戦後の高度経済成長期にも、他の地方都市にみられるような極端な開発と破壊を免れた地域です。このため、旧城下町域を中心として、比較的広範に近代化遺産が存在しています。すなわち、「加賀百万石」イメージに反して、実は煉瓦《れんが》造や石造をはじめとする近代的な建造物が、数多く建てられてきた近代都市でもありました。一方、金沢の近代化遺産には、藩政期の文化資産を継承したものが多いことも特色の一つです。殖産興業期の産業史跡に関しても、その敷地の多くは加賀八家（藩の重臣）など大身武家地を転用したものでした。

例えば、長町川岸の工場群（金沢製糸・撚糸・銅器会社、硬質陶器、煙草工場など）の敷地は、八家の長《ちょう》家や村井家など藩の重臣の屋敷地を活用したものでした。動力の水車や排水も、藩政期から引かれていた鞍月用水・大野庄用水の流れを利用したものです。

さらに、中下層の士族が没落した後、長町・芳斉周辺の小武家屋敷は工場労働者の住居地として利用されました。旧城下町域の下屋敷地であったため一筆の地籍が小さく、旧武家屋敷地のなかに町工場が混在するように展開していくのです。こうした点を考えると、多くの恵みを藩政期の蓄積から得ている金沢にとって、近代化遺産もまたこの街の重層的な「歴史的資産」であるといえましょう。

※初出「武家屋敷と殖産興業」（本康宏史編著『古地図で楽しむ金沢』風媒社、二〇一七年（抄録）

Ⅰ　加賀の技術文化

1、技術文化と地域社会

近年、医療や軍事、あるいは天文測量の分野を中心に、地域社会における蘭学・洋学、さらに実学の存在とその役割を重視し、その豊かな可能性を指摘する研究が注目を得ている。いうまでもなく、「在村蘭学」論や「地域蘭学」論に代表される、地方史・地域史を念頭に置いた洋・蘭・実学研究の動向である（田崎一九八四・一九九二、青木一九九八など）。一方、地域史研究においても、当該時期の科学史・技術史、さらに文化史などの分野の成果に学び、地域の歴史やその枠組みの総合的な理解に努めることは、一層の課題と認識されなくてはならない。その際、例えば北陸における科学史・技術史上の契機が、加賀藩域の社会的変化の動向にいかに作用したのかというような構造的な分析は、むしろ緒に就いたところではないだろうか。

以上のような認識にもとづき、本節では、加賀の「技術文化」の諸事例と特色を紹介し、地域社会における蘭学・洋学知識との関係を確認するため、加賀藩域を中心としたごく概括的な検証を試みてみたい。

加賀藩は、しばしば金沢を城下とした「百万石」前田家の領域として、幕藩体制下の経済・流通活動に史的分析の重きが置かれてきた。よしんば、文化史・技術史の対象となった場合も、美術工芸や文芸の分野での優位さを誇り、かならずしも「科学技術」分野の水準を云々するという問題関心は薄かったように思われる。とはいえ、その藩組織のなかには、今日いうところの「科学技術」研究や教育を担った人々が存在していた（例えば、藩医をはじめとする医師や測量に従事した和算家など）。彼らは、その知識や技術によって藩に仕え、あるいは業績を重ね、地域社会の変化を促したにちがいない。

一方、特殊な科学知識や技術の持ち主を、藩が召し抱えて「藩士」として遇することもしばしば行われた。こうした例は、文化文政期の本多利明、藤井方亭《ほうてい》、吉田長淑《ちょうしゅく》らを皮切りに、とりわけ人材を必要とした幕末期に至って顕著となる。以上のような契機を背景に、加賀の蘭学は、その時期その段階に必要とされた「科学技術」を主導し、牽引する方法論として、この地域の文化や社会関係を活性化したにちがいない。

このように、「科学技術」をめぐる諸研究・制度・教育・交流等（＝「技術文化」）に貢献した加賀藩の「知識人」という観点に立てば、従来、三都をはじめ長崎・佐賀・鹿児島などに比べて、とくに高い評価を得ているわけではないこの地域の蘭学・実学事情にも、それなりの認識を与えることができるようにも思われる。本稿では、こうした藩政期の「科学技術」分野のなかで、加賀に在住した代表的な人々の事績にふれつつ、加賀藩域と「技術文化」のかかわりについて考えてみたい。

2、天文暦学の地平

いわゆる地域蘭学や洋学知識は、加賀藩でも幕末に至って本格的な導入・展開をみる。しかし、その時期の理解の前提として、文化文政期の加賀藩に招聘された本多利明の存在にふれないわけにはいかない。本多利明は経世家として知られ、江戸で和算（数学）を教えるかたわら蘭学を学び、天文・地理学・航海術をきわめた人物である。西洋事情に明るく、『西域物語』『経世秘策』『渡海新法』などの著書で開国・貿易と北辺防備の必要を説き、開明的な思想を展開したことで知られる。一八〇九（文化六）年三月、加賀藩に招かれ（実際の来沢は七月）、藩主前田斉広《なりなが》に当時の西洋情勢を説いた。

当時、斉広は、一八〇八〜一〇（文化五〜七）年にかけて、利明のほか、蘭学医藤井方亭（加賀藩初の蘭方医。息子の三郎は幕府天文方に出仕）や吉田長淑（わが国初の蘭方内科医）を召し抱え、勃興する蘭学の風潮を加賀に取り入れようとしていた。利明の仕官もこの一環であり、彼が金沢に在ったのはわずかな期間に過ぎなかったものの、人材登用など、藩主の政策の方向にも一定の影響を与えたという。また、禄を食《は》んだ期間は一三年に及び、とりわけ来藩を機に、多くの開明的な藩士に影響を与えた。

金沢城下では、一七九二（寛政四）年、藩校の明倫堂が開設されていた。その際、天文暦数の部門では、西村遠里《とおさと》の弟子本保以守《ゆきざね》が講師となり、ついで、越中城端の西村太冲《たちゅう》が一七九九（寛政一一）年に致仕、出講していた（一年で辞し城端《じょうはな》に戻ったものの）。太冲は大坂の天文暦学者麻田剛立《ごうりゅう》の高弟で、その実力を認められたものである。

こうしたなか、加賀藩後期の「技術文化」を代表する「知識人」が、遠藤高璟《たかのり》であろう。遠藤は、一七八四（天明四）年二月、加賀藩の人持組五〇〇〇石の重臣玉井貞通の次男に生まれた。のち遠藤直烈《なおやす》の養子となり、遠藤家（代々七〇〇石、職禄三〇〇石）の家督を相続。一八一三（文化一〇）年に江戸に赴いたのち作事奉行となり、その後、普請奉行、表小将横目、表小将番頭に進んでいる。さらに一八三〇（天保元）年金沢町奉行に転じ、馬廻《うままわり》頭兼算用場奉行をも務めた。すなわち遠藤は、藩の要職を歴任した「上層官僚」だったのである。この間、生涯に著した書物は約六〇種一〇〇巻に余り、製作・考案した器械は二〇種の多きに及んだ。

遠藤は、このように藩の重職にありながら、一方で、和算・測量術をきわめた「科学者」でもあった。なかでも、遠藤の評価として特筆されるべきは、有能な藩士を抜擢、組織的に天文測量の実務にあたらせたことであろう。一八二〇（文政三）年には、西村太冲、河野久太郎（通義）、三角風蔵らを指揮して、金沢城下の測量・町図作成を実施している。遠藤らは自ら考案した測量器を用いつつ、磁石で方位を測りながら間打車《けんうちしゃ》などを使って正確な測量を実施。一八二二（文政五）年から一八三〇（天保元）年まで、前後九年を費やして「金沢分間絵図」は完成した（一間を一分に縮尺した、六〇〇分一地図）。

遠藤らは、一八二五（文政八）年には彗星の観測も実施した。城下彦三《ひこそ》（町）の遠藤邸内に観測所を設け、八月と九月の二週間、科学的な彗星観測を試みたのである（ポンス彗星の観測）。この事業には、息子の覚太郎をはじめ、西村・河野・日下理兵衛・早川理兵衛ら総勢一一人が参加、それぞれ役割を定めて毎晩観測し、これを「星図」に記入してその軌道を示した。この成果は「彗星出現図説」等の観測記録などから確認することができる。

3、時刻制度（時鐘法）の改正

一八二三（文政六）年、加賀藩主前田斉広は、城郭に付随する兼六園に竹沢御殿を建て、城内にある時鐘《じしょう》とは別に、新たな時鐘を設け、正確な時刻を知らせるよう遠藤高璟に命じた。いわゆる加賀藩の「時法改正プロジェクト」である。従来の時鐘制度は、目分量で日光の薄白さを直感して時を定めたりしたもので、きわめて不正確なものであった。そこで、遠藤は、精巧な天文時計である「正時版（垂揺球儀）」を使用して、一二割の法をきめて時刻を報ずることにした。この時法は蘭学の知識にもとづく「定時法」の考え方を取り入れたもので、従来のものより飛躍的に正確なものであった。

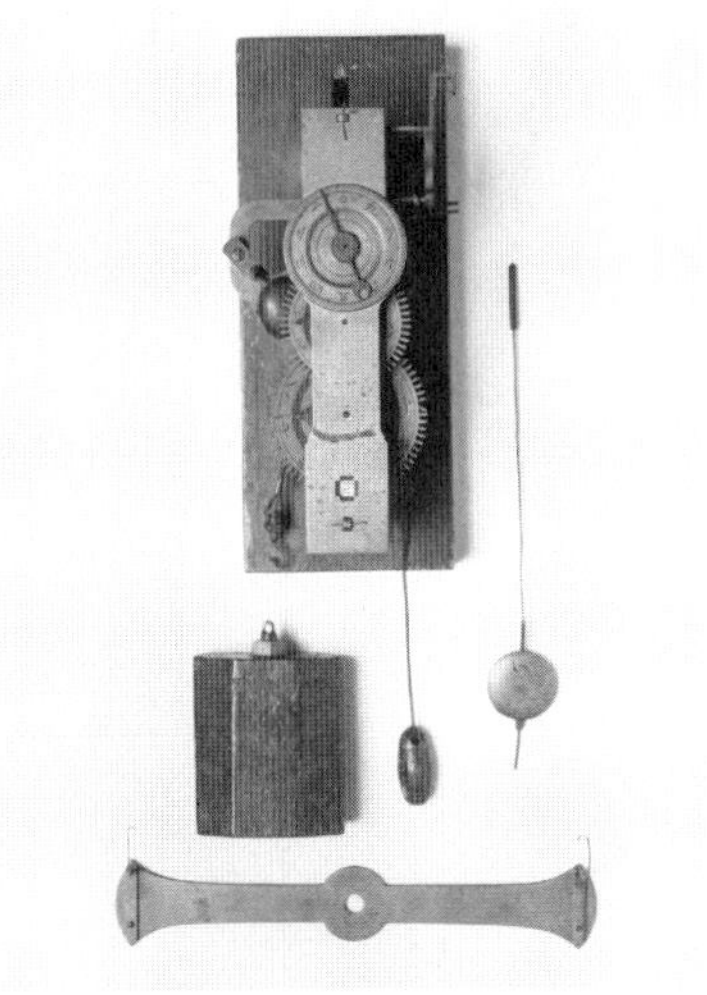
正時版符天機（高樹会所蔵）

従来この改定プロジェクトについては不明な点が多かったが、国立科学博物館所蔵の精密尺時計と高樹《こうじゅ》文庫（石黒信由旧蔵）の「天保三年」銘の正時版符天機（垂揺球儀）が、時法改正の際の関係資料であると確認され、一気に理解が深まった。また、符天機の箱裏書から、同機が「金沢竪町住　時計師與右衛門作」であること、遠藤家にも目盛盤の一部と一致する目盛図（安政四年製作「和西時分契」）が残されていることもわかった。また、近年「慶応元年　治助作」銘の符天機（大阪市澤田平氏所蔵）、「文政八年」の記載のある正時版（大型精密尺時計、神奈川県中井町江戸民具街道所蔵）が相次いで紹介され、幕末までの経緯もみえてきた。なかでも、遠藤編『竹沢御殿時鐘所測刻御器物用法』（文政六年／石黒家高樹会所蔵）からは、時鐘所で使われていた器具の使用法が明らかになり、河野久太郎ら天文測量スタッフの日誌（金沢市玉川図書館河野文庫「御次御絵図御用方留」）により、彼らの日常的な仕事ぶりも明らかになってきた。作業には、遠藤高璟の統率のもと、河野通義、日下理兵衛、早川理兵衛、三角風蔵が中心となり、越中の西村太冲が理論面で指導したものと思われる。

これらの分析から、同時法改正プロジェクトは、①「餘」時という特殊な時刻を挿入したこと、②一三分割の正時法を導入したこと、③精密な時計を利用したこと（一日に約一〇万回のカウントが可能。伊能忠敬記念館所蔵の幕府御用の時計機械でも一日に八万回のカウントが限度）が特徴とされ、加賀藩においては、明治期まで続く時刻制度となったのである。こうした特異な時法と極めて正確な時計機械の存在は、今のところ、加賀藩以外では確認することができない。このように、加賀藩の時法改正プロジェクトは、当時の複雑な時刻制度において、それをきわめて高い精度で表示・実施したものといえ、時鐘制度がここまで体系化されたのは他藩に例を見ないという。

4、黒川良安と「技術官僚」

ところで、彼らの交友関係のなかで地域蘭学との関係から注目すべきは、加賀藩を代表する蘭学医黒川良安《まさやす》の存在であろう。黒川良安は、越中新川《にいかわ》郡上市の出身。一八一八（文政一一）年三月長崎へ留学、著名な和蘭通詞吉雄権之助（如淵）に蘭書を学んだ。長崎での良安は、各藩の俊秀、たとえば高島秋帆らと交友を結び、留学を終えたのちは、大坂の緒方洪庵、さらに坪井信道の門にも学んだ。ちなみに、洪庵の適塾には、各地から多くの門人が集まったが、三都を除く地方出身者のうち、大聖寺藩を含む加賀藩域の塾生が数のうえでは全国でも最多を誇っていた（『適々齋塾姓名録』）。しかも大聖寺の渡辺卯三郎や金沢の津田淳三、後述する鹿田文平ら数名の塾頭経験者を輩出していることも特筆に値する。もちろん、藩の規模や経済的な背景もあるものの、適塾生における北陸出身者の割合は、きわめて高いものがあったのである。

その後、江戸に出た良安は、佐久間象山《しょうざん》をはじめ、蘭学者としての交友範囲をさらに深めた。従来、良安は安政期以降の壮猶館《そうゆうかん》頭取として、加賀藩の蘭学者の中心にあったという理解が一般的であるが、弘化期における遠藤らとの交流もうかがえるのである。例えば、遠藤考案の携帯日時計「眂景儀」に添えられた刷物（「よつのしらべ」口上書）には、「蘭訳協力者」として良安の名前が残されている。

諸国での遊学を終え郷里に向かった良安を、金沢の知識人グループが金沢に引きとどめ、これが、金沢の蘭学振興の画期となった。というのも、幕末期（弘化〜嘉永頃）の金沢には、西洋事情を議論しあう「開明的」な藩士グループのようなものがあり、「地域蘭学」導入の核になっていたのではないかと推察されるからである。そのグループのひとつが、藩書物方の長谷川猷《ゆう》（源右衛門）を中心とした、さきの三角、河野、上田、大橋、加藤九八郎ら加賀藩の「技術官僚」たちの集まりであった。彼らの共通点は、いずれも本多利明に直接間接の影響を受けた者たちであった。河野や三角は測量術を利明に学び、天文・暦学を修め、上田は思想家として藩政改革をリードした。航海術、砲術を身につけて、壮猶館の設立に中心的な働きをした大橋もこのメンバーであった。こうして良安は、一八六四(弘化三)年加賀藩の侍医となり、ついで壮猶館の教授兼翻訳方、さらに種痘所頭取、卯辰山養生所主附《ぬしづき》、金沢藩医学館の主任など藩蘭学界の重職を歴任、加賀藩の蘭学水準を高めていくのである。

5、松田東英の理化学知識

つぎに、加賀の「技術文化」の水準を示す理化学知識の分野に関して、松田東英の事跡をみてみよう。松田東英は、就、芹斉と号し、一七八八(天明四)年越中埴生《はにゅう》村に生まれた。医術を志した就は、一八〇八(文化五)年金沢尾張町の町医者松田東英(寿英)の娘婿養子に入る。初代東英は、宮腰の町人竹松屋権右衛門の長男に生まれ、一七九五(寛政七)年金沢に出て町医者となり、東英を名乗った人物である。

蘭学者としての東英の足跡は、例えば、金沢石引の棟岳寺に建立された加賀藩蘭方医吉田長淑の墓の墓碑銘の門人中に名前が残されることでも知られるが、何よりも、杉田玄白の嗣子杉田立卿《りゅうけい》の門人であったことが注目されよう。立卿の訳書『眼科新書』六冊のうち付録一冊『眼科新書附録』は、東英が立卿検閲のもと分担編集したものである。その実力と信頼ぶりがうかがえよう。

さて、松田東英の事績として、加賀の技術文化との関係で注目されるのは、金沢最初の望遠鏡や顕微鏡を考案したことであろう。東英の望遠鏡は、今日までに三例が確認されているが、一八三三(天保三)年の春、河野通義の力を得て作った「窺天鏡《きてん》」が、なかでも早い事例として知られる。翌一八三四年の記録には、「寺西秀周《ひでちか》通称要人は、天文暦数を好み、その邸を観星楼と名付、六月朔日日蝕の観測す」とあり、この時寺西が日蝕観測に使用した望遠鏡が、東英の考案したものであるとも推測されている（東英は寺西の家中）。一八三八（天保八）年二月には、藩主前田斉泰《なりやす》のために望遠鏡・顕微鏡を製して、遠藤高璟を通し献上したとも伝えられる。あるいは、この折の望遠鏡が、現存する一八四四（天保一四）年の「窺天鏡」であったかもしれない（顕微鏡も東京大学に現存）。

ところで、東英は、こうした望遠鏡をどのような意図で考案したのであろうか。これに関しては、望遠鏡やその箱書きに記された銘文から推定することができる。例えば、「天保十四年」製の望遠鏡（石川県立歴史博物館蔵）の筒には「老壮眼距」の朱漆銘があり、筒上の銘文によれば、この望遠鏡の製作は、「眼球の構造」や「透視の原理」を実際に確かめるために思い立ったものであることが記されている。つまり、東英の望遠鏡製作は、おそらく当初の契機としては眼科学への学問的情熱から考案され、実際には天文観測（月食や彗星の観測）に使用されたものと思われる。

松田東英肖像（「夷曲百人一首」より）
（石川県立歴史博物館所蔵）

6、望湖楼の文人グループ

「天保十四年の望遠鏡」の銘文に、この望遠鏡は小坂神社神官高井二百のために作ったものであると、記されていることにも注目したい。高井らは、望遠鏡で覗いた「望湖楼」からの蓮湖《れんこ》、すなわち河北潟の眺めを楽しんだものとされる。この点、江戸時代の知的交流が、単に蘭学なら蘭学だけのジャンルにとどまらず、広範な文化サークルのネットワークを形成していたことをうかがわせて興味深い。というのも、この望湖楼とは、高井が卯辰山山ろくの高台に建てた御亭で、東英はここに集う文人墨客グループの一人でもあり、郷土史家富田景周《かげちか》、書肆《しょし》野村円平、国学者中沢倹などと交流をもったというのである。

また、近年、松田家に残された連句集『四季獨』から、そのグループのメンバーが具体的に確認されたことも付け加えておきたい。この句集の署名には、「芹斎」、すなわち東英をはじめとして、碧山、三潮、春浦、霞提、見山、亀巣らの号がみえる。このうち「亀巣」は、銭屋五兵衛の俳号であり、大野弁吉との密接な関係が喧伝される人物である。もともと、芹斎東英の養父寿栄は銭五の本拠地宮腰の出身であるし、東英の娘ていも、五兵衛の二男佐八郎に嫁いでいる。こうしたことから、東英とあるいは、銭屋五兵衛のブレーンともいわれる「加賀のからくり師」、大野弁吉の間に何らかの知的交流があったことも考えられよう。

7、遠藤高璟と『写法新術』

一方、さきに天文測量の事績を紹介した遠藤高璟の仕事からも、加賀の「知識人」の写真に対する興味と造詣がうかがえる。というのも、彼が製作したとされる「写真鏡」は、西洋のカメラ・オブスクラの知識を応用して自ら考案したものと伝えられており、さらに、遠藤は加賀で最初の「泥絵」を描いたことでも知られている。泥絵とは、初期の西洋画で、兼六園の千歳台から河北潟あたりの景色を描いたものだとされる。一説には先の写真鏡（カメラ・オブスクラ）を利用して制作したともいわれ、わが国における洋画導入の歴史のうえでも注目されている。

また、遠藤に関しては、すでに約六〇種一〇〇巻に余る多数の書物を著したことを紹介したが、このなかに『写法新術』『鏡影発理』『真写弁』など、写真や光学（物体認識）に関する著作を含んでいることに注目したい。なかでも『写法新術』六巻は、写真術とその前史、あるいは絵画史の上で、とりわけ重要な著述といえよう（尾鍋二〇〇二）。近年の研究によれば、『写法新術』は、わが国における遠近法理解のごく初期の事例とも評されており（尾鍋智子氏の所論）、おそらく加賀の技術文化の理論的達成を示すものといえよう。同書中には「製写真鏡写物図」の記載もあり、写真知識の導入の事例としても極めて興味深い。

なお、遠藤高璟に関しては、科学者としての能力が高く評価される一方で、従来、儒教的または仏教的な倫理規範の埒外に立ち得なかった一面があるとも目されてきた（高瀬一九八八）。すなわち、自然科学者として、あくまで実証・実験によろうとする実証的精神に満ちている反面、いくつかの著作

大野弁吉肖像写真
（能登印刷出版部所蔵）

にみられるように、儒教的・仏教的な倫理規範を強くもっていた点も指摘されている（19世紀加賀藩「技術文化」研究会二〇〇九、後者に関しては、同書鷲澤淑子論文参照）。

8、大野弁吉の機巧技術

ところで、さきに精密な時計（「正時版」）や測量機を文字通り「製作」した「時計師與右衛門作」や「御時計師治助」は、いかなる人々であったろうか。いうまでもなく、彼らは当時の先端技術であった「時計」機械を製作・修理する職人であった。つまり、きわめて高い精度の機械技術をもつ職人が、当時の金沢城下には存在していたのである。この点にも加賀の「技術文化」を支えた蓄積を確認しておきたい。

こうした「技術者」の存在を代表するのが、「加賀の平賀源内」と称された大野弁吉であろう。弁吉の広範な科学技術知識に関しては、別に拙著にてまとめたが（本康二〇〇七）、弁吉は、これらをどこから得たものだろうか。この点については、かつては長崎でシーボルトに学んだとする説が一般的であったが、近年の研究からほぼこれは否定されている。こうした点、さきに示した幕末期の金沢の科学者サロン（グループ）に、弁吉もその周辺の一員として存在していたのではないかとの指摘もあった。

この点については、近年の史料発掘にともない、金沢柿木畠の壮猶館に弁吉が出入りしていたことが確認された。加賀藩では海防や洋式軍備など幕末情勢に対応し、一八五四（安政元）年八月、壮猶館を設立する。「大野町御用留抜書」によれば、この壮猶館において、一八六三（文久三）年四月弁吉は「諸細工巧者成」を認められ、「舎密方《セーミ》」助手を命じられているのである。

さらに、付言すれば、数名いたとされる弁吉の弟子たちもこの系譜につながる存在といえよう。なかでも、米林八十八《やそはち》と朝倉長右エ門は代表的な例である。米林八十八（号は一光。弁吉の甥にあたる）は、一八二九（文政一二）年京都時代の弁吉に弟子入りし、翌一八三〇年四月、ともに加賀入国。各地で修行したのち金沢にもどって、上堤町、ついで南町に奇物・機巧の店を開いた。加賀藩御用の器械師もつとめ、天文測量具などを製作している（本康二〇〇七）。朝倉長右エ門は、石川郡高畠村の肝煎《きもいり》で、和算家、医家としても知られ、晩年の弟子ながら『大野一東之伝法諸々免許』（金沢市朝倉家所蔵）などの伝書をよく残した。和算書のみならず、『花火根本仕種秘伝方』『万花火之雛形』（同前）など、化学分野の著述も少なくない。彼らの仕事にも、地域蘭学の影響がうかがえよう。

9、技術文化の担い手とネットワーク

最後に、これら加賀藩域の技術文化を担った人々と地域蘭学・洋学との関係について、若干整理し、印象を付してみたい。まず、加賀藩における科学技術の分野に連なる人々は、遠藤高璟や大橋作之進など、一部の重職を除いてほとんど中下級層の人々（「周辺」的人物）であった。例えば、近代用

兵の基礎となる高島流砲術をこの地に定着させた斎藤三九郎や河野久太郎は、いずれも重臣青山氏や長氏の陪臣、つまり藩の職制からすれば、底辺的な藩士たちである（実は前田家の家臣＝直臣ですらない）。例えば河野などは、一八〇石の長氏与力で、本来藩機構の表舞台に立つすべもない身分であった。

そもそも、加賀藩在来の軍事体制にあっては、兵学は伝統的な有沢流が信奉され、それにともなって砲術には儀式的な甲州流が採用されていたため、洋式兵学校壮猶館創設以前は、高島流自体が「周辺」的兵学であった（河野自身、わざわざ三河田原藩の村上定平に師事して高島流砲術を修得した）。また、河野の日記や関係文書に登場し、彼が交流した加賀藩の実学グループの面々、すなわち、藩士長谷川猷（一五〇石）、和算家石黒信由（越中の十村《とむら》）、西村太冲（越中の商人。明倫堂天文師範を一年で辞す）、三角風蔵（河北郡の百姓、のち割場附足軽）、陪臣早川理兵衛（人持組《ひともちぐみ》玉井氏家中）、同日下理兵衛（同村井氏家中）たちも、同様に少禄の藩士や陪臣であったり、越中の豪農であったり、その出身であったり、いずれにしてもいわば「周辺人物」であったのである。実は、この層の系譜上に、黒川良安（越中新川郡出身）や鹿田文平（父は足軽小頭、のち除籍）なども存在した。彼らは、それぞれ安政期以降、壮猶館に集い維新期の藩組織を担う人材なのだが、大概は陪臣であり、しかもその身分は「雇」（臨時職）でしかなかった。しかし、のちに郷士史家氏家栄太郎が『汲古雑録《きゅうこざつろく》』中に河野を「幕末の新人」と呼んだように、彼らは新しい状況に対応し得るいわば「新しい人々」だったのである。

一方、壮猶館の前身西洋流火術方役所では、技術の進歩に対応できない「無知之人々」は、即刻「御雇御用御断」という方針がとられたというが、逆にこうした実力をもって身分・格式の桎梏《しっこく》を否定するところに新しい技術が導入しえたのであろう。この間の事情を、岩崎鐵志氏は「〝新伝〟である高島流砲術の導入も、その任にあったものが、まず陪臣であるがゆえに実践可能であった」と総括している（岩崎一九八四）。まさに正鵠を射た指摘であろう。加賀藩域にあっては、「地域蘭学」の担い手の多くは、こうした陪臣・足軽層を中心とした、中下層の技術官僚群（医師含む）であったのである。

さらに、本稿では、一九世紀の日本における科学・技術文化の様相を、とりわけ加賀／北陸という地域の視座から紹介した。科学や技術が地域の枠を越えて流通し、そのネットワークのなかで水準を高め、全国的な状況と直接・間接にむすびつく傾向は、とりわけこの時代に特徴的な様相として立ち現れる。こうした同時代性が、個別の藩域や地域という空間をこえた視野で、科学技術の発達を再検討する切り口となろう。北陸においても、こうしたネットワークは、地域を越えた関係となって展開した。本稿での事例を整理すれば、天文学では、大坂の麻田剛立の弟子西村太冲（越中城端）や、江戸の本多利明の影響を受けた金沢の遠藤高璟、河野久太郎らの科学者グループが、時制の改正や彗星観測などにみる高水準の天文知識の導入に努力し、これには麻田立達の望遠鏡や城端の小原一白の渾《こん》天《てん》儀《ぎ》などが関係していたのである。

また、測量の分野では、石黒信由は一八〇三（享和三）年北陸に来訪した伊能忠敬と測量方法について意見を交換し、そのなかで新たな測量器具を考案、実測にもとづく正確な地図を残している。この石黒信由は遠藤高璟のもとで北陸各地の測量図の製作や時法の改正に携わっていた人物であった。また、遠藤の考案した天体測量器「眂景儀」の刷物には、翻訳者として蘭学医黒川良安の名が残されていた。良安は藩医であるとともに、洋式兵学校壮猶館の翻訳業務にも関係していたのである。なお、良安と鹿田文平は姻戚関係にある。

こうしたなかで、機巧師大野弁吉のケースは、この地域の事例のなかでも特異な存在といえよう。すなわち、一介の細工職人にすぎない弁吉が、その突出した技術と好奇心から、幕末加賀藩における技術文化のある意味キーパーソン的な様相をすらみせるに至るのである。この点、松田東英との関係、望湖楼の文人グループとの関係はさきに指摘したところだが、さらに、銭屋五兵衛の交友範囲からは、黒川良安との関係も興味深い。銭五疑獄の発端河北潟漁毒事件のおりに、水質検査の結果から潟水の自然腐敗が原因と証明して五兵衛を擁護したのも、実は黒川良安であった（「蓮湖漁毒説」）。その際、良安を指図したのが、上司の遠藤高璟であったとの指摘もある。あるいは銭五と黒川良安の親密な関係のなかで、弁吉が壮猶館助手に抜擢されたのかもしれない。いずれにせよ、弁吉に代表されるような職人（技術者）による地域蘭学へのコミットと、逆に、職人の技術を槓杆《こうかん》とした加賀蘭学の展開の実態が、この間の特色のひとつといえるのではないか。

かくして、加賀の「技術文化」は、この地域の社会の有り様を色濃く反映しつつ展開したものといえよう。その際、地縁・血縁・主従関係のほか、文化的なネットワークがきわめて重要な役割を果たしていたことはいうまでもない。また、その成果や可能性は、遠藤・石黒らの天文学や測量術、あるいは時制の改正事業にみられるように、かなりの水準を保持しつつ、さらにこの地域独特の達成（例えば、二三刻時法など）に至ったものと思われる。こうした加賀藩の「技術文化」を支えたのが、本稿でみたような、実学者（技術者）と蘭学者の相互補完関係だったといえよう。

※初出「十九世紀加賀藩の技術文化」（共編著『時代に挑んだ科学者たち―一九世紀加賀藩の技術文化―』北國新聞社）二〇〇九年

Ⅱ　卯辰山開拓と殖産興業

1、機巧師の系譜

本節では、在来技術と外来技術の問題を、加賀藩末期の技術環境を素描することにより、いわば視点をかえて検討してみたい。

一八七八（明治一一）年、明治天皇が金沢へ行幸した際、宮大工の津田吉之助は、「絹糸を以て造った養老滝」や「色染の絹糸で三保の松原に御所車を置いて富士山を眺望する造物」を天覧に供したという。また、撚糸会社の一般公開では、拝観人らは、「階下に水車が廻っているのに二階に機械が動いているのは」「矢張《やはり》キリシタン法の業や」と言い囃していたほどであると記されている。小林忠雄氏はこの記録に注目し、カラクリ師大野弁吉の影響を指摘された。すなわち、「ここにはまごうことなく、長谷川準也と組んだ絡繰師吉之助がおり」、しかも「吉之助の生家があった金沢市野町の獅子頭は吉之助の父親幸七と弁吉の合作であると津田家では伝えている」（傍点、引用者）というのである（小林・本康一九八七）。

しかし、筆者は、むしろ弁吉の一番弟子であった米林八十八（号は一光。一八一三～八九）との関係を強調したい。八十八は、「金沢南町器械師米林八十氏の養父にて」、「京都で弁吉の門人となり長く弁吉に付随して其技術最も精妙なり」、「金沢南町に機械処と書いた看板を掲げる」とされる技術者であった（吉田亮「大野便《（ママ）》吉の事蹟について」『長春園襍記』）。米林家につたわる「米林八十八身上書」によれば、吉之助の住居に近い金沢市内上堤町に店を開き、また、加賀藩御用をつとめる器械師として鉄砲所にも関係していた人物である。同世代同地域同業の吉之助との交流をおのずから想起させよう（なお、一八六八〈明治元〉年に八十八は五五歳、吉之助は四一歳、ちなみに弁吉は六七歳であった）。

なお、津田家文書のなかにも、一八七四（明治七）年八月一六日付の「製糸社褒状」が残されており、この文中にも「該社機械の奇工暨ヒ土木ノ功落成ニ至ル事偏ニ足下ノ胆力勉励ニ出ツ」とあって、明治初期の段階でも「奇工」という言葉が死んでいないことを示すとともに、吉之助の技術が、いわゆる「機巧」の範疇でとらえられていたことがわかる。

2、壮猶館の技術と職工の移動

一方、太田敬太郎氏の証言によれば、「亡父（篤敬、吉之助の同僚）は旧加賀藩の兵器製造所即ち鋳造場（イゾウバ）に奉職していた」という（壮猶館の付属施設。本格的な生産は一八六三〈文久三〉年〜一八六九〈明治二〉年二月）。この鈴見鋳造場については、以下の諸事実が確認されている（山岸一九九二）。

①敷地は上中下段に分かれ、下段のタタラは鋳造場川（用水）の水車で動かした。

②職長四人のうち一人は釜師横川家の出身で、英国製のキュポラ（熔鉱炉）があった。
③工作用として英国製一二尺旋盤一台、車鋸一台があった。
④鋳物師村山・武村両家が技術に関与した。
⑤鋳造場の機械類は廃止後七尾軍艦所の機械工場に移された。
このうち、⑤に関しては、松島秀太郎氏の調査によって詳細な機械目録が確認されており、松島論文によれば、「七尾製鉄所の新設備は肥前、薩摩両藩のものより優れ、幕府長崎製鉄所に劣らぬ本格的な工作機械一式をそろえていた」（松島一九八七）とも評価されている。

またその作業工程に関しては、例えば小銃工場においては、すでに一定の分業体制がとられたことも確認されている。鈴木淳氏によれば、慶応元年の加賀藩壮猶館では、「張立所、中直シ所、仕揚所、金具火作並仕揚御筒筋入所、台方目当口込所」という区分がなされ、より組織化された分業が行われており、これにより鉄砲の一貫生産と生産増加が図られたことが確認されるという（鈴木一九九二）。

また、同じく鈴木氏によれば、加賀藩では、弘化年間に江戸からやって来た西洋流の鉄砲製作者集団が大砲と共に小銃の生産を伝えたこと、施条（ライフル）銃の製造を開始するにあたって福井藩から鉄砲鍛冶を招いたこと、なども確認されるという。さらに、このような軍事機械技術者の招聘は、近江の国友鍛冶にまでおよんでいる。このような事実から、加賀藩でも、生産規模の拡大や製品の変更などの機会に、繰り返し新技術を持った職人を招く傾向があったことや、さらに、先の米林八十八の例もふくめて、幕末期には熟練工が自由に移動できる「労働市場」が展開していたことなどが指摘できよう（鈴木一九九二）。吉之助はこうした加賀藩軍事工業の周辺にあって、新しい機械技術を吸収し、さらに、その近代的な生産システムを学んだにちがいない。

3、卯辰山開拓と技術の集積

一八六七（慶応三）年六月から一八六八（明治元）年一二月にかけて行われた卯辰山開拓は、こうした幕末在来技術の展開が近代技術（外来技術）と邂逅《かいこう》するに至った恰好のプロセスといえよう。この開発事業自体は、金沢郊外卯辰山一帯の大規模な土地開発プロジェクトで、福沢諭吉の『西洋事情』に刺激されたとされる藩主前田慶寧《よしやす》が、西洋の医療や福祉制度を導入するため計画したものであった。主な事業には、西洋医学を取り入れた「養生所」の設置（蘭学者黒川良安が初代頭取）、付属教育施設の「医学局」、製薬所の「舎密局」の開設などが知られているが、開発の概要を記した『卯辰山開拓録』によれば、山ろくの所々には、このほかにも陶器、漆器、織物、鍛冶等々の工場も建てられ、芝居小屋、料理屋、風呂屋など、娯楽施設も備えられたという。

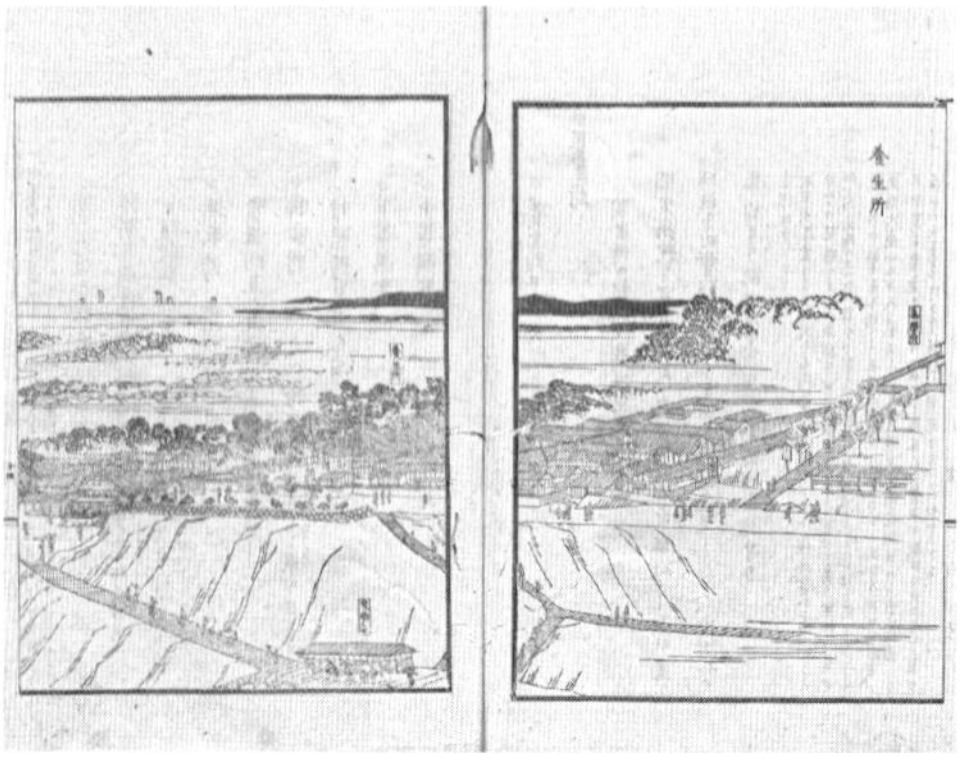

卯辰山開拓録（養生所）
（国立国会図書館デジタルコレクションより転載）

ここで、とくに本稿の視点から注目すべきは、いわゆる山ろくの「生産町」にみられる殖産事業の数々である。『卯辰山開拓録』には、産業技術・殖産興業関係の施設と考えられる工場群が、浅野川川岸常盤町から粒谷町、鈴見橋にかけて展開されたことが記されている。同記述より関係部分のみを抄録して示したのが、以下の史料である。

●常盤町　天神橋辺一の鳥居前より上の仮橋迄の川岸通りを云（中略）新たに土居を川中へ築出し今は人家建続きたり　この辺養生所の生産局多きを以って生産町とも唱ふといふ

○産物集会所　揚げ場の辺にあり
○紅染所　同右
○製油所　同右
○渡紙所　同右
○毛織所　同右
○鉄工所　集会所より上川岸
○錫細工所　同右
○錦手陶器所　同右
○水車　常盤町の上仮橋の辺にあり
○小銃角場　水車の横谷間にあり
○唐紙地製造所　集会所囲の内にあり
○織場　同右
○製綿所　同右
○綿羊小屋　同右
○工芸局　同右
○鏡製造所　鉄工所の内にあり
○化同金製造所　鉄工所の内にあり
○蒔絵漆工所　同右
○水機織物　水車の二階

●粒谷町　常盤町続き仮橋より上の方を云（中略）この辺川岸通りの道は鈴見橋辺へ通し綿紙製造所辺二筋の横往来は庚申塚へ登る道なり

○綿紙製造所　仮橋の上川岸にあり
○晒蝋所　綿紙所の上に大茶園の続きにあり

○陶器所並陶器竃
○大茶園

このうち中心となる施設は「産物集会所」で、揚ヶ橋の辺りにあり、「卯辰山生産諸局において製造の物品を引集め取《とり》捌《さばき》をする役局なり」とされた。集会は毎月「三日、十一日、二十一日」に開催され、「惣じて集会日には諸生産の取開方並びに損益の事を評論」し、「生産方役人に限らず、町方諸商人生産心付又は談合に出ることをゆる」したという。いわば、殖産流通本部といえよう。また、これ以外の施設はこの「物産集会所」に集積される（工場制手工業）製品を製造する工場群であったのである。

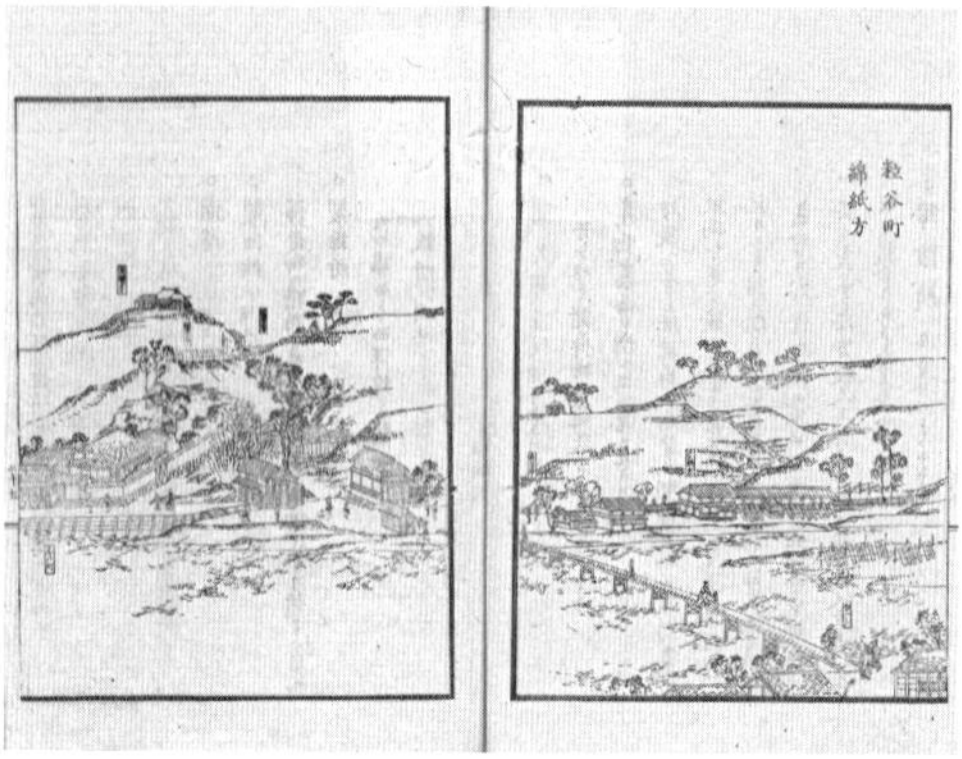

卯辰山開拓録（粒谷町・綿紙方）
（国立国会図書館デジタルコレクションより転載）

さて、この「生産町」の施設のなかには、吉之助の仕事を彷彿とさせるものが、散見されることに注目したい。例えば、「工芸局」は、「生産諸機械種々　人力を省く新発明の器械を工夫するところ也」とあり、「水機織物方の如き亦此局に属す」とされる。また、「鉄工所」は、「西洋医術軍用の器械、鉄瓶、鍋釜の類を鋳造」する施設。「水車」も常盤町の上仮橋の辺に設置され、「水機織物」機構がその「水車の二階に仕掛けて織らしむ」仕組みになっており、「卯辰山新発明の機具を以って水車に仕掛け種々に織物をおる」ようになっていた。これなど、まさしくさきにみた、「機巧師」吉之助の仕事と呼応するものといえよう（例えば、「階下に水車が廻っているのに二階に機械が動いている」云々)。

なお、前節で検討した「鈴見鋳造所」は、この「生産町」と隣接する位置関係にあり、「水車の横谷間」に設置された「小銃角場」とあわせて、両者の関係は一連のものとして理解しておきたい。

4、写真局グループと八十八

弁吉グループと「卯辰山開拓」との関係については、「写真局」の存在がその好例といえよう。加賀における初期の写真術は、弁吉の弟子たちによって継承されていった。『石川県写真史』によれば、一八七七(明治一〇)年以前に石川県内で写真を研究し、もしくは開業した人物には、弁吉と彼の高弟米林八十八(一光)のほか、高山一之、吉田好二、遠藤虎次郎、小池兵治、室川三枝らが確認されるという。ここで注目されるのは、これらの人々の多くは、弁吉の技術を継承してはいるが、それもよく検討すれば、決していわゆる家元制度的な継承ではなかった、という点である。

石川県初の営業写真家高山一之は、写真術を弁吉から習得するが、一方で日本の写真業の祖、長崎の上野彦馬について学んでもいる。弁吉の最晩年の直弟子ともいわれる小池兵治もまた、むろん一光を通じて弁吉に学んだが、他方、大聖寺舎密局の実験員として、大聖寺藩士小塚惣八郎と共同の研鑽の場をもっていた。また、遠藤虎次郎は、吉田好二に師事したと伝えられるが、その吉田は御軍艦方をへて長崎に遊学、帰国してのち、「写真懸御用」の任を得たのだった。なお吉田は富山の写真師赤尾清長とも親交があったという。さらに、室川三枝は明治初年長崎に医学留学、独自に写真術を習得してきたという。草創期の写真技術が錯綜した人間関係、あるいは、技術を軸としたネットワークのなかで展開されたことを物語るものであろう。

こうした過程の中で、写真がこの地域の技術として定着する画期となったのは、「写真局」の設置であった。弁吉グループのなかでも遠藤・吉田は、この「向山（卯辰山）写真局（撮影所）」の技術者であり、同局は高峰精一（化学者高峰譲吉の父）が総理する理化学研究所「舎密局」に併設されていた施設であった。すなわち、弁吉―八十八と受け継がれた写真に代表される科学知識・技術は、まさに「卯辰山開拓」を媒介として、さまざまな技術チャンネルを通しつつ、近代の発展へとつながっていくのである。

なお、「写真局」に集った写真家たちは、舎密局員旗文次郎（のちに写真材料の薬店を開業）なども含めて、慶応四年末の同局閉所とともに山を降り、それぞれ写真館を開いて一層この先端メディアの活用の道を開いていくことになることにも注目したい。

以上、いずれにせよ、この卯辰山開拓という大事業は、従来、その政策的な失敗から「維新の徒花」的な評価に甘んじていたものの、こうして、「機巧師」にはじまる職人・職工の系譜をたどるなかで、この地域における近代工業の移植に果たした役割を、（在来技術と外来技術の関係から）より積極的に再評価する必要があるのではないか、と思われるのである。

5、まとめにかえて

一般に在来技術は、外来技術を移植・受容するための技術的基盤だといわれる（葉山一九九二）。加賀藩においても、壮猶館に代表された外来技術を受容する基盤は、その周辺に結集した、多くの鋳物師や鉄砲鍛冶や木工職人、あるいは機巧師によって担われていたのであった。彼らの一部は、幕末の軍事工業の導入過程において、技術者固有の合理主義を身につけ、自己とその集団を変革していったのである。こうした職工集団によって、維新期の殖産興業は、さらにその基盤整備を完了したといっても過言ではなかろう。

このような文脈のなかで、本節では津田吉之助の技術社会史な意味を検討してきた。結論的にいえば、まさに加賀藩—石川県域でも、幕末期の在来技術をめぐる「大いなる人的遺産」が維新期の近代的な技術の基礎をなしたことを、津田吉之助の存在が示していたといえよう。

以後、吉之助の技術系譜が、当時全国でも最先端とされた機械技術、例えば、いわゆる「津田式絹力織機」の開発に代表される、息子米次郎の技術に、どのようにリンクするかという問題は（すなわち殖産興業から産業革命への地域的展開に関しては）、別に稿を改めて論じてみたい。

※初出「津田吉之助再考—在来技術と近代—」下（『石川県立歴史博物館紀要』七号、一九九四年）

《コラム》変遷する卯辰山

観音院・八幡宮・招魂社

卯辰山は、金沢城の東にある丘陵（標高一四一メートル）で、向山、夢香山、臥龍山とも称された里山である。一八六九（明治二）年刊の『卯辰山開拓録』（内藤誠斎著）によれば、「頂上には、もともと庚申塚の旧跡があり、これを削り取って平地としたもの」という。

藩政期の卯辰山は、卯辰観音院や卯辰八幡宮など、前田家由縁の重要な寺社がおかれた藩主一族の信仰の舞台でもあった。卯辰山ろくの観音院は、一六一六（元和二）年に三代藩主利常《としつね》夫人の発願で造営されたものと伝えられる。境内には、医王院、愛染院、市姫社、山王社が合祀されており、城下の民衆からも「卯辰観音・卯辰山王」と称され親しまれていた。旧暦の七月九日、観音院は「四万六千日《しまんろくせんにち》」の縁日でにぎわう。この日に参詣すると四万六〇〇〇日、すなわち一二六年分の高徳にあやかるといわれ、観音町の通りには露店が並び、門前には早朝から夜遅くまで人の波が絶えない。また、「四万六千日」の祭りは、「唐黍《とうきび》祭り」とも呼ばれ、境内や門前の通りには唐黍（トウモロコシ）を売る露店が出る。観音院の焼とうきびは、食べると災いを除き、玄関の軒に吊るせば息災延命、商売繁盛するといわれる。今でも東山一帯には「四万六千日」の張り紙を張り、とうきびを軒先につるした家々が多い。

一方、卯辰八幡宮は、二代利長《としなが》の守護神とされ、利長が金沢移転の際、金沢城の鬼門にあたる卯辰山へ勧進、卯辰八幡宮として城普請時の祈禱を執行させたものとされる（「貞享二年寺社由緒書上」）。また三代利常の時代には、夫人の安産祈禱・子女の参宮がしばしば行われ、藩主の祈祷所としての地位を確立していく（実は、藩祖利家が「隠れ祭神」とされていた）。また、城下町の形成とともに、市中の産土神《うぶすながみ》や真宗以外の寺院がこの地域へ移され、卯辰山寺院群という形で、一種の宗教空間が作られていったのである（第7章Ⅱ参照）。

「カワムコウ」の習俗

さらに、卯辰山といえば、春の蓮如忌（レンニョキ。雪消えの季節に人々が打ちそろって赴き、飲めや歌えの大騒ぎで一日を過ごす風習）のヤマとしても認識されている（民俗学的にはヤマ行き、ヤマ遊びの行事）。この習俗もまた、春山遊び、花見などの行楽、すなわち民衆の「春の再生」を喜ぶ心情が基調となっているのである。真宗信仰の根強い石川県、ことに蓮如が圧倒的な支持と共感を得る金沢で、その「再生」を祈願する舞台が卯辰山であったことも注目されよう。ちなみに、卯辰山登坂の入り口、浅野川に架かる天神橋が「甦橋《よみがえりばし》」とも呼ばれていたのも、城下民衆の「誕生や再生を祈る信仰」や他界観を示す一例といえよう。

こうした他界観を背景としたものに、「七つ橋めぐり」という奇妙な風習がある。浅野川界隈では、春秋の彼岸の真夜中に、例えば天神橋から初めて、梅の橋、浅野川大橋、中の橋、小橋と、七つの橋を無言で渡り、多くの人々が行き交うのである。「下の病」に罹《かか》らないとされることから、年配者を中心に、今日でも毎年数十人が参加しているという。この風習には、道教（北斗七星信仰）の影響もあるとされるが、川の対岸を「カワムコウ」と捉え、現世と来世（彼岸と此岸）を隔てる境界と見立てるイメージがあるものといえよう。

なお、宗教空間といえば、卯辰山には明治維新以降、石川県の招魂社が置かれていた。一八六八（明治元）年一〇月、藩主前田慶寧は、北越戦争で戦死した加賀藩の将士を祀るため祭祀を営むことを命じ、これをうけて、卯辰山中腹の通称鳶ヶ峰とよばれる地で一一月招魂祭が開催された。一八七〇年（明治三）一二月には新社殿が造営され、慶寧揮毫の「顕忠」額にちなんで「顕忠祠」あるいは「顕忠廟」と称した。これが卯辰山招魂社の前身となり、その後一八七五（明治八）年八月に官祭招魂社となるのである。「招魂」祭祀も一種の「再生思想」といえなくはない。

卯辰山公園の誕生

大正期に入ると、地方都市の「公園」群は、一九一九（大正八）年の都市計画法公布によりその管轄が問題となる。同年公布の「史蹟名勝天然紀念物保存法」との関連から、内務省（地理課・都市計画課・衛生局）の指導のもと再編を余儀なくされた。こうしたなか注目すべきは、著名庭園家・庭園研究者が、関係自治体の意向を受けて、保勝の指導や公園の設計にあたっていることである。金沢では、当時、造林学・林政学の泰斗《たいと》と目されていた本多静六が、卯辰山（向山）公園の整備計画に金沢市の委嘱で関与している。本多は日本最初の林学博士として、日比谷公園の造園をはじめ、明治神宮の森、大宮公園等全国各地の都市公園の設計を手がけた一方、風景地保全の一環として、国立公園の創設にも深く係った庭園学者である。一九二三（大正一二）年四月一七日、卯辰山公園改良のため金沢市が視察を依頼した庭園協会の本多らが、二日間にわたり卯辰山・兼六園・横山家庭園（寺町の男爵横山邸で、植治・小川治兵衛の作庭）を視察している。この本多の提言により卯辰山は、金沢市民の「都市公園」として再生整備を進めていくのであった。

こうして、都市公園として開発を進めた卯辰山は、戦後の高度成長期には、「金沢ヘルスセンター」やこれに附属した金沢動物園、水族館（当時、日本一高所で開業し、山上まで水を上げるのに苦労した）などが建設され、大いににぎわうことになるのである。

※初出「卯辰山の変遷」（本康宏史編著『古地図で楽しむ金沢』風媒社、二〇一七年）

第5章　「城下町」から「軍都」へ

九十間長屋と兵士（能登印刷出版部所蔵）

「軍都」金沢と金沢城

かつて金沢は「軍都」と呼ばれていました。維新後、金沢城跡には名古屋鎮台の分営が置かれ、一八七五（明治八）年には第七連隊と改称します。しかし、何といっても金沢が北陸の軍事的中核都市として確立するのは、日清戦後の軍備拡張によって第九師団が創設される、明治三〇年代前半のことでした。これにより旧城内には陸軍第九師団および第六旅団司令部と歩兵第七連隊が、郊外野村には歩兵第三十五連隊、騎兵・野砲兵第九連隊、工兵・輜重兵《しちょうへい》第九大隊が設置されます。このほか衛《えい》戍《じゅ》病院や陸軍墓地、招魂社など、「城下町」金沢は、軍事施設が大きなエリアを占める、「軍都」として再編されていくのです。この間、第九師団司令部が設置された旧金沢城址が、「軍都」の中核となったことは、想像に難くありません。

こうした都市の性格は、地域の経済や社会に大きな影響を与えました。推定によれば、当時の金沢市人口の約一割が軍関係者であったといわれ、部隊の駐留した旧金沢城や野村周辺は、飲食店、洋服・靴・書籍・雑貨店、土産物店、宿屋、さらに料亭など、さながら「陸軍御用」の「門前町」の態をなしました。軍縮期の一九二六（大正一五）年、七連隊の野村移転問題が起こり、金沢城周辺の大手町ほか界隈の住民が猛烈な反対運動を展開したのも頷けましょう。なお、一八九八（明治三一）年の鉄道開通が日露戦争の兵員物資輸送に備えたものであったことや、駅舎そのものも軍隊の集合地を確保するべく設計されたことなど、「軍都」としての都市インフラの整備過程にも注目しましょう。

※初出「「軍都」金沢と金沢城」（共編著『図説　金沢の歴史』金沢市）二〇一三年

I 「軍都」における都市空間の変容

はじめに

近代日本の都市形成史・発達史を考える際に、軍隊の駐留や軍事関連施設の存在は、きわめて大きな要素のひとつといえよう。城下町を前身として近代的発展をとげた地方中核都市の多くは、とくにこうした色彩が濃いものと思われる。とりわけ、陸軍の師団や連隊等が置かれた都市は、しばしば「軍都」と称され、その影響下に特異な発展の様相をみせた。

本稿は、こうした「軍都」の視点から、近代の地方都市の形成や変容の特質を、「軍都」特有の権力の問題として、すなわち、軍隊という「絶対的な」権力と、県・市・議会・マスメディアなど、地域社会（「都市の権力」）との関係から考察するものである。具体的には、北陸の地方都市「金沢」を事例として、一八九〇年代＝明治後期＝「軍都」形成期における都市空間の変貌、一九一〇年前後＝明治末期の都市改造問題（金沢城址百間堀の道路開削をめぐる「都市権力」間の確執）、さらに、一九二〇年代＝大正末期の陸軍軍縮問題（宇垣軍縮）にともなう連隊廃止・移転などの過程で、地域社会がいかなる対応を示したか、あるいは都市空間がいかに変容したのかを検証する。その際、日清戦後成立の「軍都」と日露戦後成立の「軍都」の情況の違いに留意しつつ、都市空間をめぐる地域社会論としての広がりをにも言及できれば幸いである。

1、「軍都」という概念

都市類型論と「軍都」

ところで、いかなる都市を「軍都」とみなすかは、当然、まず俎上にのせなくてはならない問題だろう。これは一方で、日本近代都市史における都市類型論にかかわる議論でもある。とりわけ地方都市に関しては、そうした都市類型を重視する傾向が、一九七〇年代後半に研究上の市民権を得てきたことに注目したい。こうした議論のなかで近年重視されつつある視点が、類型化を単なる横並びの分類としてでなく、都市の重層的な編成のあり方とその相互の諸連関を念頭に入れて進めていくことの必要性である。というのも、近代都市のヒエラルキー的編成は、なによりも「国家的政策」に強く規定されながら、その骨格が形成されたとみることができるからである。その際、とくに「軍事」に関するインフラ整備は、とりわけ優先的な「国家的公共政策」だったのである。

例えば、道路区分・道路網は、とりもなおさず重視した都市の拠点性を示している。具体的には、明治以降の「国道」指定においては、府県庁所在地・中枢軍事拠点（陸軍師団、海軍鎮守府所在地）、重要港湾および諸軍事拠点が第一に位置づけられ、次に府県庁所在地を副次的な中心として、郡・市役所、主要港湾、主要鉄道駅を結節していたのである。このような政治、軍事、港湾の拠点の選定と、それをつなぐ交通ネットワークの重視は、近代都市のヒエラルキー的編成を形成するうえで決定的な役割を果たしたといってよいだろう。そして、その骨格は、およそ市制制定前後から日露戦争直後（一八九〇～一九〇〇年代）の期間に固まってくる。この時期は、地方中核都市に陸軍の師団や海軍の鎮守府が創設される時期とも重なるのである。ちなみに、こうした都市の諸要素を、構造的なレベルに即して分類したのが、大石嘉一郎・金澤史男氏による地方都市の類型分類であり、同分類において金沢は、仙台・熊本・広島とともに、「軍事・文化」の拠点性の高い「政治都市」と位置づけられていえる。注目すべき見解といえよう（大石・金澤一九九四）。

なお、「軍都」の定義については、とりあえず「当該都市の市民生活に、駐留軍隊の存在が構造的な関連をもつ地方中核都市」という程度の認識でとどめておく。以下、本稿では、軍隊に関わる政治・経済・社会のさまざまな条件が都市社会（都市空間）をいかに形成し、変容させたかを検証することになる。

「軍都」の比較論

ところで、一律に「軍都」といっても、それぞれの歴史や社会的背景が異なれば、「軍都」としての性格も異なってくることはいうまでもない。例えば、金沢の第九師団は、日清戦争後の「一六個師団」増設時に創設されたものである。同様に、旭川、弘前、姫路などにも師団が設置され、ほぼ同時期に造営が完了した。つまり、第九師団の設置は、もともと北陸に固有の事情ではなく、日清戦後、全国的にみられた師団増設の北陸ブロックでの展開と理解しなくてはならない。これらのグループは、東京・大阪・仙台・広島など、維新初期に鎮台が置かれた「軍都」とは、規模や拠点性におのずから異同をみることができるし、明治四〇年代以降、日露戦争にともなう軍拡により師団が設置された、岡山・宇都宮・豊橋などのグループとも一線を画することができよう。ちなみに後者は、大正末の軍縮期に、しばしば統廃合・移転の対象となっている（＝軍事拠点性の脆弱さ）。

なお、本稿では、行論の都合上、呉・佐世保・横須賀・舞鶴などの港湾都市を分析の対象から捨象しているが、これらの「軍港」や連隊レベルの「軍都」（さらに「軍郷」と呼ばれた地方の軍事拠点）に関しても、別に考察の機会をもつ必要があろう。

2、「軍都」金沢の都市空間

「城下町」から「軍都」へ

金沢が本格的な「軍都」となるのは、日清戦争後のことだった。一八九六（明治二九）年七月二九日、第九師団司令部が旧金沢城二の丸跡に設置され、旧城内とその周辺、さらに石川郡野村（現金沢市若草町・緑が丘）に兵営や練兵場が建設された。ちなみに、司令部の開庁式は一八九八（明治三一）年一一月に挙行されている。この間、金沢市内では、城下町時代の広大な城郭地や武士地が、軍用地として変容を遂げた。この点に都市形成上の特徴もある。例えば、金沢城跡が第九師団司令部ならびに歩兵第七連隊の兵営となったことは、すでに述べたが、下石引、出羽町一帯の本多家上屋敷や篠原出羽守屋敷などの武家屋敷群は出羽町練兵場、九師団兵器部、師団長官舎に、奥村宗家の上屋敷は陸軍衛戍病院に、小立野台地の旧武士地は上野練兵場に転用されている。また、石川郡野村の原野は、野村練兵場ならびに、新設の歩兵第三十五連隊・騎兵第九連隊・野砲兵第九連隊・工兵第九大隊・輜重兵第九大隊兵営などに、さらに藩主・藩士の霊地である、野田山墓地の一角も陸軍墓地にとって代わられた。

このように、明治以降の軍用地化によって、旧城下ならびに周辺の空間構造に大きな変更が加えられたのである。このうち、金沢城周辺をのぞけば、小立野台地の旧武士地に出羽町練兵場、旧城下寺町のアーバンフリンジ（都市郊外）に野村練兵場が設けられたことで、「軍都」の構成要素として、明治後期の郊外化が展開するという特徴をも示していえる。その際、「百万石城下町」の維新後の衰退に一定の歯止めが見られるに及んだことにも注目しておきたいと思う。なお、石川郡の野村は、軍事的要請もあってか、一九二五（大正一四）年には、金沢市に編入されている。かくして金沢は、北陸最大の軍事的拠点＝「軍都」の位置を確保したのである。この間、金沢市や市民は、師団の誘致、用地献納・募金などで最大限の協力をした。この背景には、軍隊駐留の経済的・精神的メリットがあるが、この問題については別稿を参照していただきたい（本康二〇〇六）。

都市インフラと「軍都」

金沢城下町の構造（都市空間）が、「軍都」化する際に密接な関係を持ったのが、鉄道・道路・橋梁など、いわゆるインフラストラクチャーの整備だった。例えば、一八九六（明治二九）年七月には、北陸線敦賀—福井間が運輸営業を開始。さらに、一年後の一八九七（明治三〇）九月には小松—金沢間、一一月には金沢—高岡間、一八九九（明治三二）年三月には高岡—富山間が鉄道の運行を開始する。また、能登半島の幹線である七尾線（津幡―七尾間）も、一八九六（明治二九）年には本免許が下付されている。その「設立趣意書」によれば、「（七尾港は）天然の良港にして又経済上軍事上枢要の地なるや明らかなり……、七尾津幡間鉄道支線の敷設は経済上軍事上最も緊急の工事と謂《い》ふべし」（傍点、引用者）とされ、日本海岸の防衛上鉄道敷設が必要であることを強調している。すなわち、当時の鉄道の大きな役割のひとつは、軍事輸送のラインを確保することだったのである。

こうした背景には、日清戦争時の兵站輸送の不備への反省があった。とりわけ北陸地方では、日清戦争時、北陸線敷設以前の段階で、金沢から敦賀（当時の終点）までの行軍に際して、炎天下の「熱射病」と疲労により、歩兵第七連隊の大部分が敦賀に到着する前に「壊滅」してしまうという「大惨事」（「戦死者」三名）を経験していた。このため北陸線の全線敷設が、軍事上の切実な要請だったのである。

軍事輸送の影響は、鉄道施設や道路建設などにまで及んだ。例えば、当時、建設中の金沢停車場の正面には、五〇間四方の空地を設けることになっていた。これは、「軍隊の集合地の空地」を確保すべく師団の要請にしたがったものだった（『北國新聞』明治三〇年一二月一九日付）。今日広く見られる「駅前広場」も、本来は軍事的意図に配慮したものだったのである。もちろん、出征や凱旋の大規模な駅頭の歓送迎の風景をつうじて、「軍都」をイメージづける要素としても市民に認識されていったのである。

道路整備も同様、行軍や糧秣《りょうまつ》の運搬にとって、重要な条件だった。こうした点については、昭和期に入って建設された「南端道路」や「北端道路」（市街周辺の幹線路）の舗装の厚さや主要な橋の橋脚の強度が、軍事的な要請に基づいて建設されたとの事例が伝えられている。例えば、犀川大橋は、一九二四（大正一三）年に竣工した曲弦トラス単鋼橋、一九二二（大正一一）年に完成した浅野川大橋は、鉄筋コンクリートの三連アーチ橋で、工事費は両大橋とも十数万円に上った。いずれも部隊の行軍や訓練、さらに、第一次世界大戦で花形となった「戦車の走行」を想定して設計されたものという。

3、百間堀開削問題

旧金沢城百間堀と石川門（能登印刷出版部所蔵）

都市改造計画と百間堀

とはいえ、なかには地域社会の意向と軍側の思惑が、多少の摩擦を引き起こした例も皆無ではない。明治末期に至り、全国の地方都市で市街地の近代化の動きが現実のものとなると、金沢でも都市改造が市政の俎上にのぼるようになる。そこで旧金沢城域、具体的には第九師団の駐屯地に付随する「百間堀」が、都市交通の妨げであるとして、これを開削して幹線道路に改造しようとする計画が登場してきたのである（市街電車の敷設も想定）。その際、城址を管轄する第九師団と行政当局との百間堀開削をめぐる駆け引きや攻防も、当時の新聞記事等から確認される。

一九〇七（明治四〇）年四月、渡瀬金沢市長は、百間堀の払い下げを出願する。陸軍省と半年以上交渉を続けたが、一九〇八（明

百間堀道路の開通式（能登印刷出版部所蔵）

治四二）年一月一六日、付帯条件をめぐり決裂、請願はいったん取り下げられた。しかし、四月五日には、一転、妥協。この背景には、一部の条件が緩和されたものとされ、八月二八日には、付帯条件なしの有償払い下げが決定する。以後、九月六日には、設計調査を開始。さらに、一部計画が変更され、一九〇九（明治四二）年二月二四日には、設計費の追加予算化が行われる。その後も四月二三日、計画の変更と予算減額が決定。七月一五日、ようやく百間堀の金沢市への下付が決定する。こうして九月一五日、陸軍省の付帯条件を承諾、再譲渡が実現した。一二月一日、百間堀の道路工事認可、一九一〇（明治四三）年一月二七日には百間堀の金沢市無償貸与となる。すなわち、金沢市の執拗な折衝の末、結局軍側が折れ、開削工事が始まったのである。以後工事は順調にすすみ、城下町を分断していた市街中心部の大堀は、明治末年の一九一〇（明治四三）年六月についに埋め立てられ、翌一九一一年には旧城下町を縦断する幹線道路となった。六月一日には、開通式が挙行されている。

開削問題をめぐる市会の議論

以上のように、金沢城址の百間堀は、当時第九師団（陸軍省）の管轄だった。これを払い下げて道路開削を行うことで、交通の発展（都市改造）を図るというのが市当局の企図だった。それは堀の溜水が腐敗して衛生上の問題に悩んでいた九師団側の利害とも一致した。しかし、現実に「百間堀開削」が政治的な日程にのぼると、それぞれの思惑がからんで、市会を中心とした問題として紛糾してしまったのである。具体的には、建設費負担に関する審議で対立が生じた。

石川県への補助金申請をめぐっては、一九〇八（明治四一）年から市会で議論されていたが、一九〇九、一〇（明治四二、四三）年の二カ年継続の臨時土木費として百間堀道路開削費五万三〇〇〇円が提案されたのは、一九〇九年三月二八日の市会においてだった。しかし、同会では、「本案ハ重大ナル関係アルニ付賛否ヲ決スル前ニ当リ委員ヲ設ケ充分調査スルヲ可トス」（山森隆議員）との意見により延議となる。四月一五日の市会では、「費用多端ノ際」ゆえ、当該工事を一年間延期すべきとの意見（清水兼之、神谷直太郎議員）が出され紛糾。これをめぐる討論のなかで、釣谷他吉議員が原案の開削費五万三〇〇〇円を二万九〇〇〇円に減額する修正案を提出した。このうち延期案は賛成少数で消滅したが、修正案をめぐる審議のなかでなされた次の発言（清水議員）が問題となる。

（前略）三百年持続シ来レル所ノ百間堀ヲ一朝ニシテ破壊セントスルハ好マシカラズ。当局者ノ之レヲ急グハ森町カ将タ並木町カノ歓心ヲ得ントスルニアラザルナキカ。此ノ道路開削ニ就キ諸君ハ当局者ニ瞞着セラル居ルニアラズヤ

発言中の「森町」とは県知事官舎のあったところ、「並木町」とは渡瀬市長が居住していたところであるから、知事と市長を意味している。この発言は関係議員の怒りを招いたようで、宮野直道は次の

ように反論した。

只今ノ言論ハ甚ダ好マシカラズ。（略）三百年来保存シ来レル云々ト時勢ノ変遷ハ之ヲ許サズシテ、陸軍ニ於テハ溜水ノ腐敗ヨリシテ衛生上ノ被害ニ堪ヘズト言ヒ居レリ。之レヲ埋メントスルモ国費多端ノ折柄ナレバ議会ノ協賛ヲ得ベキ望ミナシト聞ケリ。此ノ廃物ヲ拾フテ有用ノ道路トナシ犀川、浅野川ノ連絡ヲ計ルハ最モ適切ナル処置ニアラズヤ

清水議員の「当局者ニ瞞着《まんちゃく》セラレ居ル」云々の発言への反発はこれにとどまらず、木村鉄吉、山森隆、平川喜一郎らの議員は発言取消を要求したが、「議長ニ於テ取消スベケレバ御了知アリタシ」との議長（林直）発言で収束した。こののち、釣谷他吉が提出した修正案が賛成多数で可決され、二万九〇〇〇円の百間堀道路開削費が決定したのである。いずれにせよ、この開削は市制施行以来、最も大きな道路工事だった。であるだけに、建設費負担をめぐる県・市・陸軍の思惑が、県知事・市長をはじめとした議員の派閥関係とからみ、複雑な政治的様相を示したものといえよう。「軍都」の空間変容をめぐる、いわば「都市権力」間の駆け引きでもあったのである。

4、陸軍軍縮と連隊移転問題

宇垣軍縮と「軍都」

一九二〇年代前半は、日本陸軍が明治の建軍以来、初めて人員や部隊数の削減を余儀なくされるという、激しい批判にさらされた時代だった。実際に、一九二二、二三（大正一一、一二）年には、二次にわたる山梨軍縮が、一九二五（明治一四）年には宇垣軍縮が断行された。とくに後者では、陸軍師団の廃止が計画・実行されたために、該当地域を巻き込む大きな問題となった。

各地で存続運動が起こったのは当然のことである。例えば、宇都宮、岡山、高田では、陳情や県民大会などの部隊廃止抵抗運動が試みられた。この間、帝国議会をはじめとして、さまざまな議論が巻き起こり、そのようななかで、三月末に「軍備整理案」の発表を迎えた。結果、廃止師団は、第十三（高田）・第十五（豊橋）・第十七（岡山）・第十八（久留米）の四個師団、これにともない歩兵第五十一連隊以下、計一六個連隊（四個師団相当）の廃止が決定したのである。

では、金沢の事情は、どうであっただろうか。一九二五（大正一四）年三月二八日、懸案の軍隊整理が、陸軍省発表のごとく実施されることになった。第九師団管下では、富山の歩兵第六十九連隊を廃止、金沢駐留の歩兵三十五連隊が移駐してそのあとを継ぐことに。さらに、旧金沢城を占拠していた歩兵第七連隊が兵営を引き払い、野村の第三十五連隊兵営に移ることになる。このため、旧金沢城周辺（大手町、中町、殿町、尾張町）の商工業者は、大きな打撃をうけることになった。この地域の商店、宿屋、料亭などは、「陸軍御用」のいわば「城下町」を形成していたから影響は深刻だった。

この事態に際し、これよりさき「連隊廃止」の噂に反応して熾烈な三十五連隊存続運動を行っていた野村付近各町会の有志は、連隊名こそ変われ従来と同様の立場を維持できることとなり、ひとまず安堵したもようだった。四月一九日には、野村練兵場で富山に転営する第三十五連隊の観兵式が行われ、「大部隊の延々たる行進は数千の観衆に勇壮な感慨を与え」たといえる。雪中演習場では祝宴が設けられ、営庭各所で相撲などの余興も行われた（『北國新聞』大正一四年四月二〇日付）。

連隊移転問題と跡地利用構想

ところが、翌一九二六（大正一五）年六月、突如、さきに移駐した歩兵第七連隊を、元の金沢城址へ再移転する旨の陸軍大臣命令が下りる。すなわち七連隊は、わずか一年余で古巣に帰ることになったのである。この間、大手町や尾張町などの商工業者・住民らは、七連隊の復帰請願運動に乗り出し、五月には、町内有志が「七連隊復帰請願事務所」を開設、本格的な請願を展開。運動中、約一万五〇〇〇人の請願署名を集め、師団長、市長に請願を繰り返した。こうした努力が報われたのか、思わぬ事態の好転に際して、金沢城周辺一帯の付近町民は、早速、七連隊復帰の歓迎準備に取りかかる。当時の新聞記事は、「大手町附近に歓呼の声揚る　凱旋将軍を迎ふる如き　歓迎準備に取りかゝる」と住民の喜びを伝えている（『北國新聞』大正一五年六月二五日付）。

一方、野村では、第三十五連隊の代わりに第七連隊が来てから、雑貨店や飲食店などが一層盛んに建築されたものの、七連隊の城内復帰に伴い、商売等への影響が心配されることになった。同じく、北國新聞には、「七連隊がまた元の処へ移転すると云ふので移転せぬ事に運動したのであるが、（略）七連隊が野村を去ると全く暗闇に提灯をとられたやうなものである」と、嘆く商店主の姿が掲載されている（『北國新聞』大正一五年六月二五日付）。こうして七月一日には、第七連隊が大手町の旧営舎に復帰。旧金沢城の営門付近には地元大手町、中町、尾張町の商店街をはじめとする住民総出約五〇〇人が、羽織袴で出迎え、鏡樽を備えて「凱旋部隊の帰還」さながら兵士を歓迎した。かくして、この一連の連隊移転事件は、軍隊と周辺住民の経済的依存関係を鮮やかにあぶり出すものとなったのである。

ところで、第七連隊移転後、金沢城址では、一時その「跡地利用問題」が焦点となった。結局、現実のものとはならなかったが、「都市空間」の変容をめぐる、当時の世論の動向をみるうえで興味深いものだろう。例えば、新聞論調は、「旧城趾を如何に利用せんかは金沢として重大な問題」「都市計画上からも軽視すべからざる問題」と城址問題を重要視している。その上で「近代的公園となし博物館美術館動物園等を建設」せよから、「公園説概して有力だが市将来のため深く考慮する必要」あり、まで、さまざまな意見が示された。なかには「娯楽機関の集合を大いに歓迎」との意向も出されている。さらに、新聞紙上に寄せられた「市民の声」では、公園・神宮・学校・離宮・住宅説の順で、城址の利用を望んでいた。

こうしたなか、一九二六（大正一五）年三月六日には、市会は、「旧金沢城址利用に関する意見書」を決議する。ここでは、城址の「公園整備構想」が提案されたことがわかる。ただし、新聞によっては、同構想に対する関係住民の反論もみられることにも注目したい。意見書の政治的性格（提案者は民政党系議員）も興味深いところではあるが、「コノ由緒アル史蹟ヲ永遠ニ保存シテ」「国民ノ精神教化ニ資ス」べしとの提唱がなされていることも付記しておきたい（「金沢市議会文書」）。

おわりに

近代日本の都市のなかで、陸軍の師団司令部等が置かれた地方中核都市は、しばしば「軍都」とよばれ、「衛戍地」としての発展を遂げた。こうした「軍都」は、しばしば近世の「城下町」を前身としており、広大な衛戍施設の敷地は、藩政期の城地や大身武家地が転用された場合が多く、特色ある都市空間の変容がみられた。その際、用地の取得、幹線道路の建設などに関して、軍隊という「権力」による近代都市の形成が推進され、市や市民など地域社会も誘致や用地提供を通して積極的な姿勢をみせた。

都市の権力と社会＝空間の問題に関しては、時代状況によって、かならずしも駐留軍隊の意向と地域社会の利害が一致するわけではなく、「都市の権力」間でのさまざまな確執・調整の事例が確認できる。「軍都」金沢においては、一九一〇年前後＝明治末期の金沢城址百間堀の道路開削（都市改造）問題をめぐって、金沢市と陸軍第九師団との利害が一部齟齬をきたし、その調整は、市会の議論（予算審議）を通じて政治的な決着をみた。その際、陸軍省・内務省・石川県・金沢市などの思惑が複雑に交錯したことがうかがえる。

一方、一九二〇年代＝大正末期の陸軍軍縮（宇垣軍縮）にともなう、第七・三十五連隊移転の結果、軍隊の消費経済を担う商店街をはじめ、地域の利害が対立し、軍による全国的な衛戍地再編や金沢市全体の都市計画などマクロな構想とミクロな地域権益の間に明らかな齟齬を生じた。

また、第七連隊の移転をめぐっては、市街地の中心／城郭跡地の利用問題も議論の焦点となった。その際、金沢市や議会の一部は、都市計画の進展を背景に、公園化の方向をも志向している。その過程で、新聞などのマスコミ、あるいは「市民の声」が、政策の集約に一定の役割を果たした可能性もある。しかし、結果的には第七連隊の旧城復帰に帰結し、その方向での金沢市の都市計画は頓挫した。

なお、軍縮期の師団・連隊の廃止・移転問題に関しては、各地の「軍都」に個別の事情や背景があり、それぞれの情況を比較することで、それぞれの「軍都」の都市空間の性格や地域社会の構造を検証しうることも、最後に付言しておきたい。

※初出「『軍都』の権力と地域社会―金沢における都市空間の変容と第九師団―」(『年報都市史研究』一四、都市の権力と社会=空間、山川出版社)二〇〇六年

Ⅱ　茶屋町の風情は、「軍都」の景観

はじめに

北陸の城下町金沢には「遊廓」が存在した。とりわけ、城下の周辺に位置する野田寺町・卯辰山ろくの両寺院群に寄り添うようにして、東西の廓が置かれていたことはよく知られている。これらは、藩政末期に成立し、維新を経て一九五六（昭和三一）年の「売春防止法」成立までは公認の遊廓、それ以降は歓楽地・観光地となり、「伝統都市」金沢を表象する代表的な街区として現在に至っている。

とはいえ、近代の金沢遊廓に関する研究はきわめて乏しく、市史などもごく概説的な記述にとどまってきた。そもそも蓄積の厚い加賀藩政史に比べて、石川県の近代史研究の基盤が薄いという背景に加え、金沢の遊廓に関しては、歴史的な研究というよりも、むしろ景観やコミュニティにかかわる問題関心、とくに建築学的な視点や社会学的な分析が先行した嫌いがある（金沢市教育委員会一九七五）。こうしたなか、井上雪氏は、東廓愛宕町《あたごまち》の女性の聞き書きをまとめ、「廓の女」をめぐる貴重なオーラルヒストリーを残した（井上一九八〇）。ただし、井上の著述は、歴史学というよりは文学系のテクストとして評価されており、叙述の実証性・客観性を含め、活用に際してはそれなりの注意深さが必要である。一方、一九九〇年代に入ると『石川の女性史』の通史が編纂され、「廓、カフェー」の歴

史にも一章が当てられた。ここでは、遊廓の女性の実態に加え、廓の経営や性病予防政策などにもふれられている。もちろん廃娼運動にも紙幅が割かれ、一定の理解を深めた（石川県各種女性団体連絡協議会一九九三）。

以上のような整理にもとづき、とくに本稿では、近年の視角のひとつ、「遊廓社会が形成される場＝空間の構造」に注目し、遊廓社会を包含する地域（都市）の特質を射程に入れて分析を試みたい。具体的には、近代を陸軍第九師団の駐留地として都市形成・展開した金沢における遊廓社会の諸相を、その「軍都」としての都市構造や民衆との関係から明らかにする。

1、「軍都」の形成と遊廓社会

近代における金沢の遊廓

明治以降、金沢の各廓は、基本的には新政府の諸規制による法的な枠組みによって、いやおうなしに近代の「茶屋町」「遊廓」へと変貌する。すなわち、一八七二（明治五）年の「娼妓解放」「人身売買禁止」の布告を受けて、金沢でも東西両新地の「娼妓」の「廃業」が実施された（一八六七〈慶応三〉年に再興された愛宕町、石坂町は、それぞれ東新地、西新地と称していた）。これにより、前借金で縛られていた娼妓らは、同年一一月二三日を期して解放されることになる。区会所に家主及び娼妓養女・年季雇いの婦女らを招喚。布告の趣旨を説明のうえ、「娼妓に暇を与えた」という（以後、東西新地の呼称をやめ、愛宕町何番丁・石坂何番丁と改称）。ただし、この施策が必ずしも遊廓・娼妓の縮減につながらなかったことは、のちの経緯にみられるとおりである。例えば、この段階で東西新地以外に「北新地」が新たに設けられており、むしろ「遊廓空間」が拡大していることもわかる。つまり、金沢でも「芸妓自前仮規」「娼妓仮規」「貸座敷仮規」（一八七六〈明治九〉年）から「貸座敷及び娼妓取締規則」（一八九一〈明治二四〉年）の流れのなかで、遊廓（免許地）の公権力による認定が進み、いわゆる公娼制度が成立したのである。

このうち栄町・松ヶ枝町は、市街中心部の武蔵ヶ辻周辺に、一八八〇（明治一三）年頃から発達したものが芸娼妓営業地となり、一八八五（明治一八）年には貸座敷免許地となって「北廓」と称した。これが明治三〇年代に、後述の如く石坂新町・石坂川岸に移転される。このほか、主計町にも古手買、苧《からむし》綛織《かせおり》、旅人宿、町医などが居住していた地子町《じしまち》に、一八九六（明治二一）年遊廓が置かれた。隣接する母衣町《ほろまち》にも茶屋街が続いた。なお、郊外金石《かないわ》地区には、相生町《あいおいちょう》に一八六八（慶応四）年から上茶屋・下茶屋ができて許可され、明治期に免許地として指定されたが、しだいに縮減。その後、隣接する大野の御船町に遊廓が形成された（人見二〇一〇）。

この間、金沢の遊廓が栄えたとされるのは明治後半～大正期で、一九一〇（明治四三）年には東廓演舞場が完成、以後毎春「此花踊り」が演じられている。大正期には、第一次世界大戦の好景気により、一九一八（大正七）年から一九二一（大正一〇）年にかけて「俄に活況を呈」したという。こうした状況や大正デモクラシーの影響もあって、一九二三年にはキリスト教婦人矯風会金沢支部による「公娼廃止」運動も起こっている。ただし、近代を通じた各遊廓の様相は、個別断片的な事項が新聞記事などから確認されているくらいで、制度や実態に関する本格的な研究は、やはり藩政史の成果に比べてきわめて乏しいといわざるを得ない。

「軍都」金沢と遊廓

陸軍の師団司令部等が置かれた地方中核都市は、「軍都」とよばれ「衛戍地」としての発展を遂げた。金沢においても劇的な転換を可能にしたのは、一八九八（明治三一）年の陸軍第九師団の設置とこれと密接に関係する北陸線の敷設という、二つの契機であった。その際、市内に残された城下町時代の広大な城郭地や武士地は、多く軍用地に変容する。例えば、金沢城跡は師団司令部ならびに歩兵連隊の兵営となり、武家屋敷群は、出羽町練兵場、九師団兵器部、師団長官舎、陸軍衛戍病院、上野練兵場などに転用されていった。この間、金沢市の人口も一八九七（明治三〇）年の八万人台から一九〇七（明治四〇）年には一〇万人台に増加、以後も順調に増え続けるのである。以下、こうした事情を中心に、「軍都」金沢の形成・展開と遊廓の関係を検証してみよう。

「軍隊は最大の消費人口である」という。このことは、とくに昭和戦前期までは強く認識されていた。金沢の場合も、経済・社会面でのかかる状況は当然指摘できよう。また、師団の編成＝定員数は、各師団に一律であることから、人口が大都市に比べて少ない地方都市では、より軍隊駐留の影響を強く受けたものと推察される（高田、豊橋、弘前など）。こうした軍隊と地域社会の密接な関係を示唆する事例として、ここでは遊廓や料亭の諸相を分析したい。

軍隊あるところ遊廓あり。「軍都」の消費といえば、なかでも軍隊と遊廓・料亭の関係は切っても切れないものであろう。例えば、「陸軍関連の施設約五十三万坪を擁した」第一三師団管下の高田では、明治期を通じて、田端町やかつて遊廓であった横町に接する府古町、さらに江戸時代から旅籠屋の営業が認められていた下小町に、それぞれ遊廓が形成されている。また、近年研究の進展が著しい「軍港都市」に関しては、港湾のもつ特殊性も相まって、遊廓の存在が都市形成により深くかかわったことも指摘されている（横須賀の大滝町・上町柏木・安浦・皆ヶ作、呉の大崎下島御手洗、佐世保の勝富・花園、舞鶴の朝代町など）。例えば、軍港都市呉では、一八九六（明治二九）年に免許地として指定された朝日遊廓の営業者が、日清・日露戦争の十数年に五倍近く増加したという（加藤二〇〇五）。さらに、和歌山のように、軍施設の誘致などとも連動した事例も見られる。極端な例だが、日清戦後、青森県下における第八師団の誘致にあたって弘前市では、学校を移転させてまで遊廓を設置したケースも知られている。

金沢の廓と料亭

師団誘致の段階ですでに六カ所（東・愛宕・西・石坂・主計《かずえ》・北）の遊廓が存在した金沢は、むしろ、軍が遊廓繁栄の原動力の一端を担ったことは想像に難くない。いわば、「尾張町から橋場町あたりにかけては、軍が界隈の〝お得意さん〟になっていた」のである。例えば、師団司令部に近い橋場に位置する料亭「金城樓」の場合、玄関先の廊下の突き当たりには、師団長以下将校の軍帽や将校マントを掛ける外套《がいとう》掛けがあり、部屋の床の間にも軍刀の刀架があったという。頻繁に軍関係者の利用を得た象徴ともいえる。ちなみに、一九二四（大正一三）年の陸軍特別大演習の際には、司令部がこの料亭内に置かれるという「栄誉」まで担った。というのも、一一月二日から摂政宮（のちの昭和天皇）

が臨行して陸軍の大演習が行われ、京都師団を中軸とする甲軍と金沢第九師団による乙軍が、三日間にわたり能登から越中・加賀で軍事演習を繰り広げたのである。その際、乙軍司令部（司令官田中義一大将）が一時金城楼におかれたのである。この詳しい経緯は不明だが、その際の写真も残されている。

日露戦争陣中の第９師団長
（能登印刷出版部所蔵）

平時における陸軍大演習に関しては、近年、その地域社会統合に果した役割が指摘されつつあるが、「軍都」金沢にあっても、市民、とりわけ学生・生徒の動員や天皇（摂政）臨行の意義・影響は想像に難くない。その際、一料亭がその司令部に選定されたことは、きわめて興味深い事例といえよう。金城楼の大女将土屋久美氏の話によれば、「支那事変の時には、大方の料理屋、旅館、民家も出征兵士の宿泊所になった」とのことで、その後も太平洋戦争の勃発までは軍人の客がかなりあったという（土屋氏よりの聞き取り）。同じような事例は、浅野川河畔の料亭「新並木」にも残されている。同亭の創業者は、もともと近郊河北郡の農家から金沢に出て露店の八百屋を営んだ人物であった。幸いにも「軍隊御用」をつとめるなかで経営規模を拡大、日露戦後の好景気を契機に店を構え料亭を開業するに至ったという。この新並木もやはり将校下士官の宴席を得て経営を軌道に乗せたのであった。こうした事情は、程度の差はあれ各廓同様で、戦前期における茶屋料亭顧客の重要な部分を軍隊関係者が占めていたことは、多くの関係者が明らかにするところである。なお、一九三三（昭和八）年の全国統計（東京市政調査会、一九三三年）によれば、金沢の貸座敷免許地は四カ所、営業者は二七五人、芸妓が八三九人、料理屋一二五軒、貸席一〇軒、待合茶屋は二三軒であったという（東京市政調査会一九三三）。これより先、一九二七（昭和二）年一一月二四日の『北國新聞』には、「金沢六廓の芸娼妓数全国一位内」とある。実際、同年の金沢市「県税営業税丁数別種目別統計」によれば、芸妓置屋業の税額は四万九七三〇円で、製造業の一万三〇六六円と物品販売業の一万七五五一円を合計した額をはるかに凌いでいたのである（「石川県統計書」）。

日露戦争とロシア兵捕虜

日露戦争は金沢が「軍都」化する大きな契機であった。この未曾有の戦争は、金沢の地域社会にさまざまな影響を与えたが、遊廓もその例に漏れなかった。例えば、「芸者たちは戦勝祈願に借り出され、連日の大勝による祝宴はひっきりなしだった。茶屋、料亭は、さながら陣中のようで、出動前の九師団、七連隊の将校たちでにぎわった。芸者たちも、（略、敵艦が）沈没したとの報に湧く師団の将校たちの祝宴にはべらされ、その上、市民の提灯行列に参加させられた」という。

一方、戦局が終盤に向かうと、ロシア兵捕虜が金沢にも大量に移送されてきた。市内での収容所は、東別院、西別院を中心に、一括収容が可能な建造物が選ばれた。当時の新聞などによれば、受け入れ側の市当局も市民もこの「異人」たちを厚遇したものとみられる。例えば、毎日の食事も充実しており、将校の献立をみると、かなり優雅な生活だったといえる。金沢市街への散歩や買い物も許可をとればそれなりに自由だったようで、金石海岸で海水浴を楽しむロシア兵の姿もあった。

こうしたことから、市民との「交流」をめぐるエピソードも数多く残されている。例えば、「東の廓へ遊びにきたロシア人の捕虜たちはじつに陽気で、ときには卯辰山や兼六公園へ芸者をともなって散歩」していた。西廓では、公爵大佐の一行が茶屋で芸妓を注文。「女将と置屋はロシア人向きとの旨で芸妓を誂《あつら》え、芸妓は三味線、踊りでもてなし、捕虜等にハンカチなどをもらって喜んだ。捕虜らの喜びは相当なもので、ビールや葡萄酒を呑み和洋折衷の料理を食べ、片言の日本語で、さも楽しげな様子だった」という。さらに、「(兼六公園内の)三芳庵は古くからの料亭であるが、数人の異人たちを囲み、一〇人あまりの芸者が並んでいた。兵たちは若くはなく、かなりの年嵩であったから、おそらく将校であったろう」ともある(井上一九八〇)。

東ノ廓(能登印刷出版部所蔵)

「花柳病」と軍隊

ところで、当時の日本は梅毒等の治療についての知識が不十分だった。しかし、それ以上にロシア兵たちは無知であったという。陸軍省の通達を受けた市当局から、ロシア人の相手をやむなく押し付けられた女将たちの悩みも大きかった。やむなく性病検査を遊廓が引き受け、医師に頼みこむこともあったという。このロシア兵捕虜の受入騒動の経験が、以後検黴《けんばい》制度への遊廓経営者の意識を高めたともいわれるが、この点については、別に検証が必要であろう。

そもそも「花柳病」は、とりわけ軍隊・兵士にとっては厄介な問題であった。ここで若干、性病と検黴の問題に触れておきたい。まず、徴兵検査における「身体検査」の結果は、「甲」から「戊」の五等級で示され、とくに花柳病を持つ者は不合格の「丁」となった。ある意味、大切な「軍事力」の損失である。こうした点からも、検黴制度のある公娼は、富国強兵・大陸侵攻を意図した軍にとって、必要不可欠なものであった。地元『北國新聞』の記事中から、徴兵検査と花柳病に関係したものをひろい上げても、「九師団新兵に花柳病」（一九二六〈大正一五〉年一月二八日）、「壮丁の検査結果、花柳病全体として微増」（一九二八〈昭和三〉年七月三一日）、「一月二一日の入営者中即日帰郷者二七一名、呼吸器病と花柳病は三八名から五一名と増加」など、徴兵検査時の風物詩の感がある。ただし、こうした記事は戦局の拡大（悪化）にともなって軍事機密として公表されなくなっていく。

2、「軍都」における遊廓の位置

「悪所」の場所性

金沢では、城下町時代の広大な武家屋敷地が、明治以降、軍用地として変容を遂げた点に都市形成上の特徴がある。なかでも、第九師団司令部が設置された旧金沢城跡が、「軍都」金沢のイメージの中核（中心）となったことは想像に難くない。一方、盛り場、遊興の地は、「悪所」と目され、城下町の「周辺」、具体的には町端や河原に配置された。金沢でも近世の遊廓・芝居小屋・相撲興行などは、犀川・浅野川の河原や河畔に立地している。いわば、「ハシバ」の空間といえよう（例えば、現在の橋場町界隈)。民俗学者宮田登によれば、「城下町」金沢では、犀川と浅野川に挟まれた中心部から「悪所空間」「魔所空間」を排除するため、茶屋の移転をはじめさまざまな施策が試みられたのだという。いわば、「魔所」が金沢の周辺部に設定されることにより、以後川の向こうが「異界」として定着するのである(宮田一九八四)。こうした、民俗空間的な理解はともかく、いわゆる「悪所」は、都市の周辺部に立地することが多く、幕末維新期の金沢における東・西廓の場合も、犀川・浅野川両岸界隈への公許は、風俗統制以上の意味があろう。ところが、明治前期に免許地となった栄町・松ヶ枝町(北廓)に関しては、その立地がむしろ社会的政治的な問題として浮上するに至る。以下、この遊廓移転の事情を若干検証してみたい。

松ヶ枝遊廓の移転問題

一般に、「枢要の位置」にあって「風教」に害のある遊廓は、都市の近代的再編にともない、しばしば郊外への移転を命じられている。第九師団の開設、鉄道の開通とともに、金沢市民のなかにも北陸の中核都市としての自覚、それにふさわしい近代都市の景観を求める機運が生じるようになる。道路の整備、公園の設置などは、その当時眼目として挙がっていたものである。一方、近世都市の「負の遺産」、例えば、衛生問題や風俗問題も、これを機に社会的な関心として市政の中心的な課題となった。なかでも、金沢駅にも小学校にも近い栄町、松ヶ枝の遊廓がその槍玉に挙がったのである。すなわち、「文明開化」の象徴である鉄道が開通する世の中に、前時代の遊廓が町の真ん中に存在するとはいかがなものかとの批判から、松ヶ枝遊廓の移転問題が市会の議題となる。

一八九六（明治二九）年の市会では、以下の議論が展開された。まず、三月に、松田平四郎ら一〇名の議員により「開会請求書」が上申される。以下は、その理由である。

現今北廓ノ地位《ママ》タル金沢市ノ中部ニ在ルヲ以テ、四隣一般ノ町家ト密接シ、管絃ノ声ハ近ク響キ紅燈ノ光ハ明カニ漏ル共、本市ノ経済教育二大愚書アル実ニ減少ナラザルナリ、請フ之レヲ略陳セン抑モ文明ノ進歩ニ伴随スベキモハ商工業ノ発達ニシテ、其ノ発達ト共ニ競争ノ原理ハ常ニ是レ等商工業者ノ枢要ナル地ヲ追ニテ居住スベキハ当然ニンテ、北陸鉄道竣功ノ運ニ到バ、該免許地区ハ停車場ノ還道ニ当ラザレバ、必ラズ之レガ軌道ニ接近スルハ論ヲ依タザルナリ、況ンヤ市立発電気事業ハ既ニ許可セラレ、愈ヨ実設ノ暁ハ、百般ノ商工業ハ其ノ動カニ依リテ振作セラレ、往昔山河嶮峻運輸不通ノ蛮境モ一変シテ北陸商工業ノ中心点トナレバ、此ノ地区モ亦タ本市ニ於テ大々的枢要ノ地トナルハ明瞭ナリ（一八九六／明治二九年「第三回金沢市議会議事録」第三号）

すなわち、松ヶ枝町および栄町貸座敷免許地は、「市街中央ニアルヲ以テ児童ノ教育上慮ヲ与フル」のみならず、「鉄道布設工事着手」を機に、「枢要ノ地トナルハ明瞭」として移転が求められたのである。その際、主な移転理由は教育上の問題であったが、一方で、北陸線の敷設工事が間近となり、城下町が近代的な都市空間に生まれ変わる上で、中心市街地に遊廓が存在すること自体が問題となったのであろう。というのも、この松ヶ枝町および栄町は武蔵ヶ辻界隈に位置し、ちょうど、来たるべき「軍都」の中心旧金沢城跡の師団地と、近代的都市の玄関口北陸線金沢駅を結ぶ、まさに「枢要の位置」

に存在したからである。

こうした背景のもと、市会では、「北廓ハ北方ニ移転スルモノトシ、堀川角場町付近へ移転」すべきとの松本案や「八幡町及ビ南石坂町ノニカ所」から選定すべきとの山田案など、いくつかの移転候補地があげられた（以下、候補地列挙）。

一、愛宕町附近（観音町、御歩町及八幡町）
一、東馬場戎座劇場跡及其附近
一、梅鉢清水及ビ其附近
一、才川蛤坂及ビ其附近
一、石坂町附近（北石坂町）
一、堀川角場及ビ西堀川附近
一、浅野川下流梅沢町及中島町辺

このうち「東西両廓ノ附近ナルニ由リ、藩政時代ヨリ自然見聞ニ（江戸時代よりの一般に認知されていた）」至る「石坂町周辺」が適当との意見が大勢を占めていく（四月八日「第三読会議事録」）。これをうけ、四月一〇日付の意見書が市会議長から県知事あてに提出される（「開会請求書及び意見書」金沢市議会所蔵「金沢市会議事録」）。その主旨は、「現今北廓ノ地位タル、金沢市ノ中部ニ在ル」を以て、「本市ノ経済教育ニ大愚慮アル」ため、速やかに移転すべしとするものであった。とくに「北陸鉄道（北陸線）竣功ノ運ニ到」れば、「該免許地区ハ停車場ノ還道」に当り、「必ラズ之レガ軌道ニ接近スルハ論ヲ俟《ま》タザルナリ」という。このため「実設ノ暁」には、「北陸商工業ノ中心点」となるはずで、このような「前途有望ノ要地」を「狐狸的醜業者ノ叢淵タラシム」ことは、「経済上本市ノタメニ得タル者ナランヤ」とするのである（「金沢市会議事録」）。

一方、「該免許地」は「男女高等小学校ヲ距《へだた》ル共ニ遠カラズ」、ゆえに通学の男女児童はこの「悪所」を通学路とせねばならぬ。このような「風教ヲ害シ教育ニ患アル」北廓の移転は早晩行うべき問題、という。そこで、候補地指定のため委員会を設けて調査した結果、さきの指定候補地が選定されたわけである。

以上の意見書からは、「軍都」としての発展の緒に就いた金沢市にあって、市議や市民の都市問題への関心の高さがうかがえよう。明治三〇年代の金沢は、ようやく明治初年の人口にも復し、どうにか軌道にのって、北陸の中核都市として発展するめどがつきはじめてきた。それゆえ、金沢市にあっても、いよいよ都市改造が政治・社会問題として人々の意識にのぼってきたのである。松ヶ枝遊廓の移転問題は、「軍都」化する金沢と鉄道敷設への期待がその背景にあったものといえよう。その際、近代的な都市への変貌は、道路や公園などのインフラ整備にくわえ、風致や都市住民の意識のあり方にも影響していた。ちなみに、この松ヶ枝遊廓移転問題は、市会で実施決議が採択され、ついに退去命令が出されることになる。移転先は西廓に隣接する北新地（石坂）であったが、移転に楼主たちがしぶったため退去までには大分手間取ったという。

このように、遊廓は都市を構成する重要な遊興空間として、明治以降もにぎわいをみせる一方で、この段階でも「悪所」として位置付けられていた。建前としては職業的差別を克服する傾向をもつ近代社会にあって、遊廓はやはり「陰影」の濃い場所であった。金沢でも明治～大正期を通じて、こうした遊廓の性格は、厳然と継承されていたのである。

女性の俗信と兵士

金沢の都市空間においては、「悪所」である遊廓の周辺に、女性を対象とした興味深い信仰スポットが存在した点にも注目したい。さきに指摘したように、東西の新地や主計町・石坂などは、犀川・浅野川の沿岸界隈に立地していた（ハシバとしての河原や坂）。金沢では、これらのさらに周縁に位置して、特異な信仰空間が形成されている。しかも、そうした場所には、軍隊の建前（「軍都」の中心性）から排除された庶民の心性と、遊興にかかわる女性の祈りのようなものが、奇妙にない交ぜになっていた。

例えば、卯辰山ろくにある日蓮宗の真成寺は、藩政時代より「鬼子母神《きしもじん》さん」と呼び親しまれていた産育信仰の寺院であった。堂内には安産祈願の提灯、折り鶴、子どものワラジなどが所狭しと奉納されている。その片隅に、数百枚をこえる肖像写真の棚が残されている。裏面の書き込みや付箋から、多くは太平洋戦争中のものとわかるが、これらは出征兵士の家族が、戦地の父や兄や息子の安否を気遣って奉納した「お預け」写真といわれるものであった。すなわち、女人、小児の守護神としての民間信仰が、出征した身内（兵士）を守護するという信仰に転化し、写真を預けるという形で「武運長久」「無事帰還」を祈るものであった。

ところで、真成寺の奉納物は、女性（母親）による出産・成育を祈る切実な思いがこめられているものばかりだが、その一角に無数の柄杓が積み上げられている。このなかに、柄杓の底が抜いてあるものがいくつか混じっている点に注目したい。これは「祈願をする人は、柄杓を子ども欲しさの思いをこめて奉納する」が、「娼妓は、子どもができない（下りる）ようにと、底なし柄杓を奉納した」からだという。奉納した娼妓の多くが近隣の東廓・愛宕の女性たちであることはいうまでもない。すなわち、真成寺の奉納物には、兵士や娼妓らの「周縁的」な祈りが込められているのである。

一方、西廓・石坂のエリアは、犀川外縁の段丘に立地する寺町に接している。この寺町通りは、藩主の菩提寺桃雲寺への参詣道でもあるとともに、墓地の里山である野田山への参拝道でもあった。これを延長した山中に「九万坊信仰」で知られる黒壁山がある。黒壁は、いわゆる金沢の「魔所」と目されていた異空間であり、信仰対象の「九万坊」（天狗）自体は黒壁や礼拝堂の本尊とされている。旧伝によれば、金沢城内本丸の地には、かつて松の木が茂っており、「頗《すこぶ》る魔所にて種々の怪異」の発生する空間だったという（『金沢古蹟志』巻八）。そこへ藩祖前田利家が入城し、本丸の地に居を構え、「魔所」を排除したのだという。その際、「魔を制して石川郡黒壁山へ移住すべき旨を示し給ふ故に、夫《そ》れより黒壁山をば世人魔所とす」とされた。すなわち、かつての「魔所」が近世都市の中心となる際に、周辺部（端）に再設定されたということになる。ちなみに、黒壁山には、本堂のある薬王寺の奥、山腹の急崖に窟《いわや》を穿《うが》って奥院があり、さらに山頂にも祠の跡（道場）がある。こうしたことから黒壁山九万坊は、修験道と関係深い信仰空間だったものと思われる。

ところで、この黒壁山（九万坊）には、日露戦争以降、第九師団の「戦勝祈願」「武運長久」にかかわる祈願参拝の流行があったことも伝えられている。地理的にも特科隊が駐留した野村兵営に近い関係で、出征兵士の祈願も多く、日露戦争以後、戦時の出兵ごとにますます多くの信者をみた。日中戦争に際しては千数百枚の守護札を出したともいう。奥院参道の室には日露戦利品の砲弾が納められ、参道自体も野村の工兵隊が開削している。近くに演習場があるとはいえ、破格の援助ぶりといえよう。

しかも、この黒壁山の九万坊は、普段（平時）は西廓・石坂の女性たちの密かな信仰（商売繁盛・病気平癒・

水子供養など）に支えられており、今も繁華街の飲食業関係の女性の信仰が篤いという。ここでも兵士の祈願と廓の女性の思いが奇妙に交差している。いずれの寺院も名刹や大刹でもなく、ごく庶民的な民間信仰であろうが、それゆえ、かえって出征する身内に対して抱く民衆の心意のほどを、直截的にうかがえよう。しかも、これらのスポットは、「悪所」である遊廓に隣接する、都市の外縁に位置したのであった。ここに城下町以来の金沢の都市空間における特色をうかがうことができるのではないか。

3、十五年戦争と遊廓社会

満州・上海事変と遊廓

金沢は「軍都」といわれただけに、師団創設以来、「芸妓らも軍隊の陣中見舞いや歓送に重宝がられた」という。日露戦争以降、しばしば市民の語り草となっていたのが、シベリア出兵の際の九師団将校と兵隊五〇〇人の歓送会であった。一九二一（大正一〇）年、野田寺町の横山氏（旧藩重臣、男爵）別邸で開かれたもので、石川県と金沢市の主催で行われた大掛かりな送別会は、「東西北廓と主計町の芸者あわせて二百名をまじえ、天地も震わさんばかりの万歳が三唱された」という（井上一九八〇）。では、本格的な対外戦争に明け暮れた昭和期の遊廓は、どのような変容をみせたのであろうか。以下、事変や戦争の経緯に即して、「軍都」の光景としての遊廓の様相をたどってみよう。

満州事変にはじまる中国大陸での戦闘は、遊廓社会の中にもしだいに国防色を深めていった。

一九三二（昭和七）年七月一六日の『北國新聞』には、「石坂遊廓の女軍、紅裾万歳の旗ひるがえし、昨夜新国家満州へ乗り出す」という記事が掲載されている。当時満州では、遊廓経営者が甚だしく進出したことはよく知られる。国内の不況にあえぎ、各県で廃娼決議が広まる中、先行きに不安をいだく業者は、満州各地に料亭・女郎屋を展開した。料亭は高級将校の慰安所、兵営脇の小屋は兵士の慰安所となったという。いうまでもなく、この延長線上にあるのが従軍慰安婦制度であった。

こうしたなか同年一二月と翌年四月には、県国防婦人会が芸妓を一同に集め、「非常時」の精神を説いている。これを受けて、西廓は演芸大会の純益を国防献金し、東廓の芸妓連はそろって国防婦人会に入会した。さらに、石坂遊廓でも、金花楼の女将が利益の一部と登楼客の煙草包装銀紙一八貫を献納し話題になったという。いずれの廓の芸妓たちも、化粧品を節約して慰問袋を送ったり、千人針を集めに町内を回ったりと、座敷の合間に「御奉公」に努めていく。

兵士の見送りも大切な奉公の一つであった。「白い割烹着に襷《たすき》がけ」で、一般婦人と並んで芸妓たちも駅前で接待を手伝った。とはいえ、中には愛国婦人会の会員に、「芸者風情が。お前らの来る所でない」と嘲笑され、手にした国旗で打擲《ちょうちゃく》された、などという逸話も残されている。一方、満州、上海事変以降の一時期は、軍需インフレの影響で金沢の花街も景気が上向きになり、石坂、愛宕遊廓ではむしろ芸妓が増加し、例えば、東廓のある芸妓は、高官を凌ぐ年収二〇〇〇円を稼ぎ話題になるほどであったという（当時の花代の平均は、一回六円強）。

日中全面戦争と遊廓

一九三七（昭和一二）年の日中全面戦争が勃発すると、国策として遊興娯楽に対する規制が強化された。とはいえ、一方で、軍需景気が遊廓に好況をもたらしたのも事実である。なにより、入営・出征する若者は、競って登楼した。戦地に赴く前に「一人前の男」になるのは、当時の社会の一般的な慣習でもあったのである。『金沢の廓』にも「戦時下の登楼客は、圧倒的に兵隊であった。体の疲労はともかくとして、一般の誘客がぱったり絶えた廓の生活は兵隊によって潤った」とある（一般客の実態に関しては、検証が必要だが）（井上一九八〇）。その実態は、「夕方から、深夜の午前二時過ぎまで立てつづけに娼妓はつとめた。そのうえ朝寝もさせてもらえない。日曜日だけではなく、復員や動員のたびに兵隊たちの慰安婦として連日のように、朝からのつとめを強いられた。しょせん、三番町の娼妓だけでは数多い兵隊の欲求を満たされない。上町の置屋の娼妓はむろんのこと、時には、将校級の人たちの相手を、一部の芸者たちがした（三番町にあった松葉屋の娼妓、春駒の話）」という。

一方で、県下の各遊廓には、相次いで国防婦人会が結成された。金沢の芸妓たちも、一九三八（昭和一三）年頃には公会堂や衛戍病院で傷病兵慰問の演芸大会に力を入れている。一九三九（昭和一四）年六月二五日の『北國新聞』には、東・西・北・主計町の芸妓五〇名が北支戦線の慰問に出かけ、無事帰国した記事が掲載されている。また、一九四一（昭和一六）年七月二五日には、石坂遊廓から芸妓の写真二〇〇枚を郷土兵士に送ったという記事も確認される。

こうしたなか、金沢の経済・社会に深刻な影響を与えたのが、一九四〇（昭和一五）年七月七日施行の「奢侈《しゃし》品等製造販売制限規則」、いわゆる「七七禁令」であった。戦時下の不要不急品や奢侈贅沢品の製造・販売を禁止した法令である。絹・人絹織物、九谷焼、漆器、製箔など、非軍需製造業を主体とする金沢の産業は、とりわけこの「七七禁令」により壊滅的な打撃をうけた（コラム参照）。歓楽街では、一斉滅灯や節電が実施され、廓の通りも薄暗くなり、芸妓の着物も銘仙以下、貴金属をつけることも自粛し、地味ないでたちを強いられていく。こうした社会情勢の中、警察や職業紹介所は、芸妓たちに産業部門への転職を慫慂《しょうよう》。ミシンの仕立てやハンドバック製造の内職を斡旋した。この間、芸妓の数も激減した。志願者払底の理由としては、戦局の拡大に伴い男子労働者が戦地召集のため、女子労働が必然となったことや、若年層の雇い入れが制限されたことなどがあげられている。さらに、満州など大陸での芸娼妓の需要が増えたことも影響しているようである。

アジア・太平洋戦争と遊廓

一九四一（昭和一六）年一二月、ついにアジア・太平洋戦争に突入した。一般市民層の生活が次第に窮迫する中で、衰退は著しかったものの廓は営業を続けていた。というのも、「兵隊は月二回の休日には、かならず押しかけてきた。大方は三番町で遊んだ」からであった。なかには「三番町の愛宕から北支へ慰問所の名目で店を出して、大儲けした」置屋もあったという（井上一九八〇）。

一方で、遊廓にも「国策協力」の波は押し寄せてくる。「勤労報国隊」が各廓に結成され、例えば、西廓では一三〇名が動員され、救急法などの訓練講習を受け有事に備えた。また、芸妓たちが自発的に衣料切符を献納し、衣裳の新調を見合わせ、「新調の際は、一点一円の戦時債券を購入する」と申し合わせたりもした。さらに、一九四二（昭和一七）年に入ると労働力の窮乏状況はさらに深刻となり、「若い妓たちはむろんのこと、かなりの年嵩の芸者たちまで」挺身隊として工場に動員されたという。

飛行機の燃料タンクを作ったり、翼に夜光塗料を塗る軍需工場へと、不慣れな労働にかりだされていた。例えば、東の芸者の「居残り組」は三班に分かれて、それぞれの工場へ配属されたという。西廓や主計町でも、昼間の五時間を軍服の釦《ボタン》付けにあてていた。芸妓たちも一般人と同様の戦時労働体制に組み込まれていったのである。

かくして、一九四一(昭和一六)年、廓客の多くが徴兵され、戦局の窮迫とともに、いよいよ「芸」や「遊び」どころの社会ではなくなっていく。灯火管制の実施と解除がくりかえされ、明けてもくれても出征兵士の見送りがつづいた。一九四二(昭和一七)年一月一五日には、花柳界への新規雇い入れは禁止となる。金沢でも、例えば、石坂遊廓共済組合では緊急有志会が開かれ、こうした閉塞状況への活路を協議している。一月二五日には、遊廓の海外進出について、芸妓二四〇名を同行し、海軍人事部、金沢広坂署、職業指導所に斡旋を陳情している。

一九四三(昭和一八)年九月三日、産業報国会県本部は、芸妓の勤労隊一二〇人を編制した。県保安課は芸妓演芸慰問隊八〇二人を組織、毎月一回重要工場(軍需工場)へ出動させ、産業人の慰安にあてることにしている。一九四四(昭和一九)年に入ると戦争はますます苛烈になる。二月二五日、政府・警視庁は「決戦非常措置要綱」により、日本全国の待合、料理屋(待合・引手茶屋二〇四〇軒。料理屋八一三軒)に一年間の休業を命じている。これを受けて県内では、料理店三三三軒の大半が休業した(ただし、一部の茶屋は慰安施設として残された)。この間、「東廓も三弦の音が途絶え、花街の女たちもモンペ姿で昼は外出」するような光景がみられるようになり、料亭の金城楼やつば甚は、県の産業報国会や日本夜光塗料の工場に、東演舞場は村製作所、主計町演舞場は海洋道場に接収される。

当時、残っていた芸妓二八一人の大半が勤労動員によって就労したのである（井上一九八〇）。かくして、「軍都」の遊廓社会は、その最終段階で大きな変容を余儀なくされるに至ったのであった。

以上、「軍都」金沢における遊廓社会の在り様を、各時代の戦争を軸に一瞥《いちべつ》した。当初の問題関心である「遊廓社会の形成と空間構造の解明」にはほど遠いものの、近代金沢の遊廓をめぐる事情の一端が、明らかになったのではないだろうか。とりわけ「消費的軍都」の色彩が濃い金沢にあっては、二〇代の青年男子を中核とする軍隊の需要が、遊廓社会を大きく支えていた。もちろん、その関係は時代により変化していったが、近代都市としての金沢を形作るうえで、いずれも社会構造上の重要な要素であったことは間違いない。それゆえ、軍隊という大きな支えを失った戦後の遊廓社会は、昭和初期の博覧会の経験を「記憶」としてふまえつつ、「遊興」と「観光」の空間として、戦後の歩みを摸索することになるのである。

※初出「「軍都」金沢と遊廓社会」（佐賀朝・吉田伸之編『シリーズ遊廓社会2　近世から近代へ』吉川弘文館）二〇一四年二月

《コラム》七七禁令と伝統産業

一九四〇（昭和一五）年七月七日、「奢侈品等製造販売制限規則」いわゆる「七七禁令」が施行された。戦時下の不要不急品や奢侈贅沢品の製造・加工・販売を禁止した法令である。インフレの抑制と「精神動員」を目論んだもので、東京の銀座など都市には「贅沢は敵だ」の看板が立ち並んだ。ところで、この「七七禁令」は、石川県にも深刻な影響を与えるものであった。絹・人絹織物、九谷焼、漆器、製箔など、平和産業を主体とする県下の産業は、壊滅的な打撃をうけた。例えば、すでに戦前の三分の一に落ちていた金箔の生産は、この禁令によりほとんど製造不能に陥ったという。工芸職人の多くは、同年一〇月の国民徴用令の施行を契機に、前途に見切りをつけ、軍需産業に転身していく。航空機工場には金工や漆器職人からの転身者が目立った。

　こうしたなか、伝統工芸職人のなかには、特別に保護された人々がいた。一九四一（昭和一六）年、政府の「芸術家保存要綱」に基づいて「石川県芸術品規程」が告示され、ついで一九四二（昭和一七）年には「保存作家」が選定されたのである。これにもとづき「認定芸術家」四八人と「認定作家」一八人に「製作許可金額」が割り当てられ、その範囲内で、禁止令にかかわりなく「作品」を製作することができたのであった。一九四三（昭和一八）年には、美術工芸資材の確保を図るため「美術及工芸統制協会」が設立され、「芸術保存資格認定作家」、一般に「マル芸作家」と称される人々が選定される。石川県でも小松芳光、前大峰、高橋勇、米沢弘安、北出塔次郎、木村雨山《うざん》ら一〇人が認定された。職人技術の保存を建前として、実態は資材受給資格のかわりに国家統制の中に組み入れられたものであった。こうした一部の「作家」以外はすべて転廃業を余儀なくされ、結局、県下の職人社会は崩壊してしまったのである。以後、金属回収だ、配給切符だと、国民は一層の困窮をともないながら国家総動員体制に組み込まれていく。この先鞭を果したのが、「七七禁令」であった。

※初出「七七禁止令と伝統産業」（共編著『図説　金沢の歴史』金沢市）二〇一三年三月

第6章　モダンと「伝統文化」

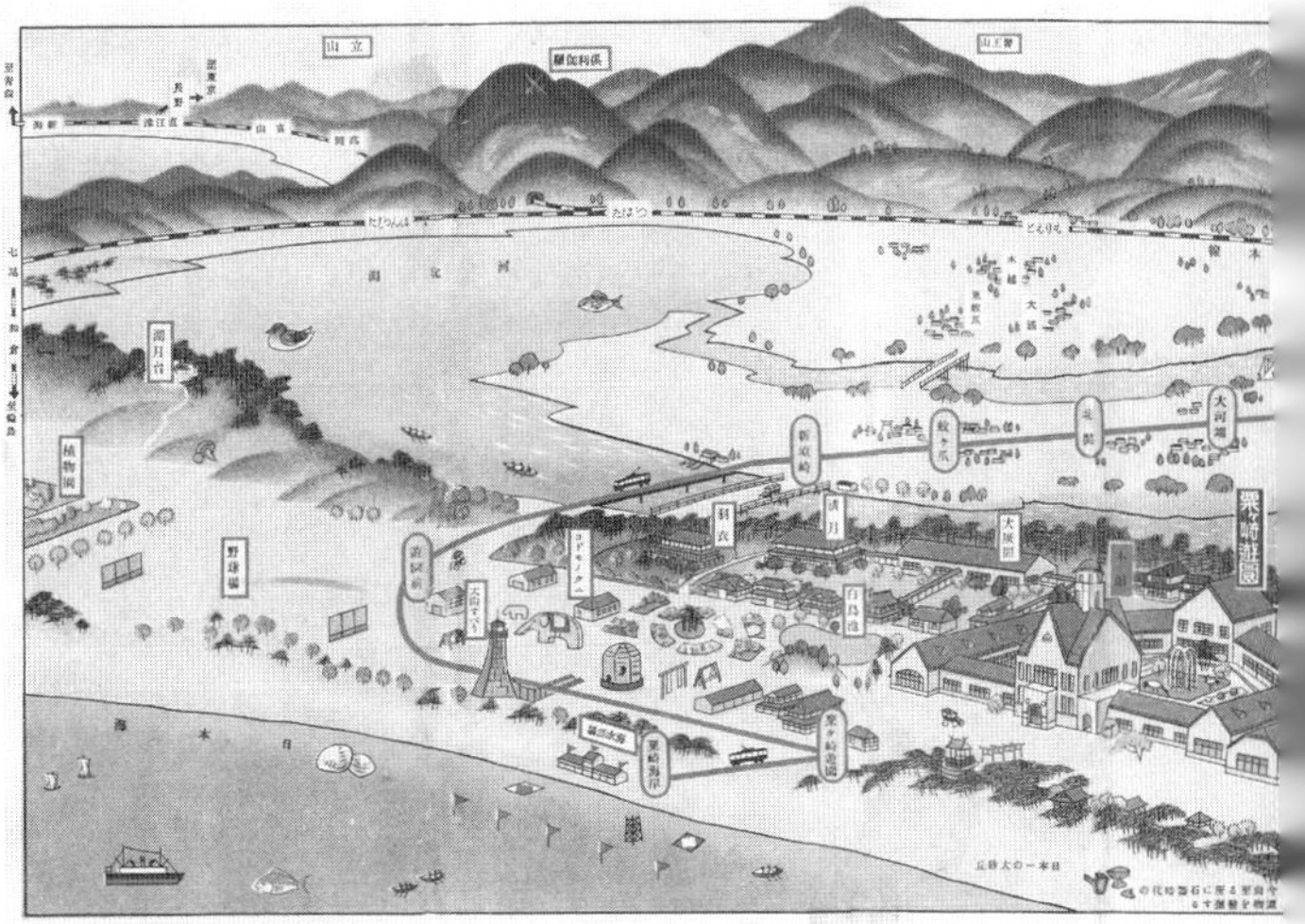

浅野川電鉄沿線案内図（石川県立歴史博物館所蔵）

「モダン金沢」と観光博覧会

「金沢」は、しばしば「城下町」や「古都」といった、伝統的なイメージで語られる街です。しかし、大正から昭和にかけての一時期、多くの地方都市にもまして「モダン都市」の色彩を帯びた時期がありました。都市金沢の近代化は、街鉄の敷設によってはかられました。拡張された街路には、鉄筋コンクリート造のモダンな建物が建ち始めます。こうした近代的な都市の形成を背景に、金沢のモダンを象徴したのは、市内中心部の香林坊でした。その香林坊では、カフェ文化や映画がにぎわいをみせました。

一方、石川県下には「北陸の宝塚」と唄われた一大パラダイスが存在しました。金沢の近郊、粟ヶ崎の砂丘地につくられた「粟ヶ崎遊園」です。創設者は北陸の材木王といわれた、金沢の平澤嘉太郎。「遊園」の呼び物は、何といっても少女歌劇団によるレヴューでした。宝塚少女歌劇団を模範としたレヴューは、大人気を博しました。

さらに、一九三二（昭和七）年四月「産業と観光の大博覧会」が開催されました。出品点数約三〇万点の大博覧会が、五五日間にわたって開催されました。会場には「構成派のモダン建築」の数々が建造されて話題を呼び、さまざまな催しがにぎわいをみせました。入場者五六万八四〇人、ほぼ一日一万人以上の入場者を得て盛会に終わります。旅館宿泊者は軒並み増加し、料理店・飲食店も非常なにぎわいでした。同博覧会は、観光都市・モダン都市としての「原形」を、金沢に与えたものともいえましょう。

※初出「「モダン金沢」と観光博覧会」（共編著『図説 金沢の歴史』金沢市）二〇一三年

I　銭五をめざした「北陸の材木王」

1、北陸の宝塚

「北陸の宝塚」と謳われた一大パラダイスがあった。金沢近郊、内灘海岸の砂丘につくられた「粟ヶ崎遊園」である。海水浴場をひかえた六万坪、兼六園の倍近い敷地には、一〇〇〇人収容の大劇場をはじめ、百畳敷の大広間、料亭、洋食堂、遊戯場、大浴場、貸席、はては動物園、野球場、スキー場などが建設された。遊園地とそこに客を導く浅野川電鉄（通称「浅電」）が営業を開始したのは、一九二五（大正一四）年五月、遊園は七月に開園した。創設者は「北陸の材木王」と称された、金沢の商人平澤嘉太郎。平澤は阪急電鉄、そして「宝塚」の創始者である小林一三《いちぞう》の影響を強く受けたといわれる。すなわち、小林の経営戦略、都心のターミナルステーションと終点の行楽地を鉄道で結び、新しいライフスタイルを定着させるという「阪急」「宝塚」の北陸版であった。

当時、こうした郊外遊園地は、各地方に族生した。安野彰氏によれば、東京周辺の郊外遊園地だけでも、玉川遊園地、ルナパーク、本牧花屋敷、鶴見花月園、市川東華園、青梅楽々園、荒川遊園、横浜遊楽園、兎月園、多摩川園、豊島園、京王閣遊園、向ヶ丘遊園など、多くの電鉄系遊園地が知ら

平澤嘉太郎肖像
（内灘町歴史民俗資料館「風と砂の館」所蔵）

れている。粟ヶ崎遊園もこうした郊外遊園のひとつ、それも「阪急―宝塚」のスタイルにより近い遊園地であったといえよう。

粟ヶ崎遊園の呼び物は少女歌劇団によるレヴューであった。当初「連鎖劇」の川上一郎率いる大衆座が人気を得たが、一九三二（昭和七）年に川上が没するとともに打ち切られ、宝塚少女歌劇団を模範としてスタートしたレヴューが、かわって大好評を博した。一九三四年四月には、鴨井悠の脚本、音羽君子、三浦歌津子らによる「春のをどり」バラエティが上演された。趣向を凝らした舞台に熱狂的なアンコールは止まず、これが粟ヶ崎少女歌劇の真価を高めたという。その後、歌劇団は一時生徒数四〇名を数え、数々のレビューは、壬生《みぶ》京子やミラノマリ子ら、地元スターを輩出した。壬生が人気スターとなると、本場宝塚育ちの宝生雅子をはじめとして、橘雪江、望月小夜子、小夜昌子、明石瞳、草川嬰子といった新たなスターが、次々に粟ヶ崎で生まれ育った（小夜の名がめだつのは、北陸出身の宝塚スター小夜福子の影響か）。人気者が多くなればなるほど、踊り子たちは切磋琢磨し舞台を盛り上げていく。それが、歌劇団の質を向上させる結果ともなったのである。

2、平澤嘉太郎の夢

平澤嘉太郎は、一八六四（元治元）年石川郡崎浦村田井、現在の金沢市田井町に生まれた。父鈴木幸作は金沢近郊の農家であったが、一八七七（明治一〇）年、一六歳で金沢下今町の商家平澤家へ養嗣子に入り、一八八六（明治一九）年家督を相続している。以後商才をあらわし、大正から昭和初期にかけて「北陸の材木王」とまでいわれた。金沢駅裏に広大な貯木場を持ち、県会議員も務め、金沢経済界を代表する大商人となった。

平澤は、粟ヶ崎遊園を経営し、沿線人口の少ない浅電に乗客を呼び込もうとした。幸いなことに、粟ヶ崎の海岸はもともと金沢市民の海水浴場であり、夏になると「浅電」は海水浴客でスシ詰めとなった。特にその主役は子どもたちであり、海水浴とならんで彼らの大きな目当ては「コドモノクニ」だった。砂丘に広がる子どもの国の門をくぐると名物の大山スベリ台があり、これが子どもたちの人気の的であった。その他にも動物園や野球場など、まさしく遊園は子どもたちの〝夢の国〟であった。さらに、粟ヶ崎遊園が、現在ある多くのレジャー施設と一線を画すと評価される点は、この遊園が単なる娯楽場としてだけではなく、アマチュア新劇運動の後援をするなど、北陸のモダニズムの拠点として文化コミュニティの役割も果たしたからである。

とはいえ、晩年の平澤は不幸であった。昭和恐慌と台湾檜の失敗で財を洗い流し、一九三〇（昭和五）年二月、頼りにしていた後継者の喜久男を三七歳の若さで失ってしまう。翌一九三一（昭和六）年五月には、長年彼を支えて来た後妻のナオも亡くし、さらに、一九三二（昭和七）年五月には、遊園経営のよき片腕であった川上一郎演芸部長（大衆座座長）をも失った。「遊園」は、平澤の生前、一九二九（昭和四）年一月にも本館を残し主な建造物すべてを焼失しているから（同年四月復旧）、いわば平澤の人生は、挫折と再建の歴史ともいえよう。一九三二（昭和七）年平澤が六九歳で死去すると共に、彼の財産は整理され、翌年には「遊園」も競売に付される。その際遊園は、浅電の直営としていったん再生するが、これを主導したのが東耕三であった。

東は、河北郡川北村東蚊爪《ひがしかがつめ》の素封家に生まれ、金沢二中より大阪高等商業を卒業。浅野川電鉄創立と同時に入社。一九二八（昭和三）年、わずか三三歳で専務の要職に就き、平澤社長没後は全部の仕事を一身に担って奮闘した。遊園を隆盛（最盛時は、夏場の海水浴場入場者平均四万人とも）に導いた「稀有の辣腕家」として実業界羨望の的となっていたという。当時の事業紹介のインタヴューに答えて、東は、粟ヶ崎遊園の近況と抱負について語っている。「明年あたりは少なくとも百七、八十万のお客様を一ヶ年に輸送する自信があります。今のところ電車の外に洲崎、宇ノ気間にバス運転を行なっていますが、近い中に金沢駅前、高松間にバスを運転する考えです。何をいうにも二百数十名の大所帯ですから、まだまだ飛躍の余地がありますよ」（「北陸一のパラダイスから日本一の名所へ！粟ヶ崎遊園「観光の金沢」より）。

しかし、金沢のモダニズムを象徴した粟ヶ崎遊園であったが、太平洋戦争を契機に休業を余儀なくされてしまう。背景をなす金沢の人口も当時まだ二〇万人にも達せず、京阪神を背景にもつ「宝塚」のような大規模な観光、娯楽事業の開花は期待すべくもなかったが、何よりも戦争の拡大が「遊園」の継続を不可能にしたのであった。

戦時色の深まりと共に、時局と相入れないこの施設は、一九四一（昭和一六）年にはついに閉鎖に至る。その後一時軍の仮兵舎として使用され、一九四四（昭和一九）年には疎開した軍需工場に徴用されてしまうのであった。

戦後、宝塚をはじめ全国の郊外遊園地が再興されるなか、ついに「粟ヶ崎遊園」は再開されることはなかった。思えば平澤の発想は、当時の金沢にとって、都市のキャパシティをはるかに越えたものだったのかもしれない。ともかく、かくして「北陸の宝塚」の夢をはぐくんだ「粟ヶ崎遊園」は、のちオリンピック博覧会に利用されたのを最後に、一九五一（昭和二六）年秋には競売に処され、解体・消滅してしまう。

3、小林一三のビジネスモデル

こうして平澤の夢、東の思いは、結果的には〝砂上の楼閣〟〝真夏の夜の夢〟と潰え去った。小林の「宝塚」や、当時の郊外遊園地のいくつかが、今もなお命脈を保ち盛況を呈しているのとは対照的ではある。ところで、この「北陸の宝塚」の夢が、最終的には夢に終わってしまったのは、いかなる理由なのだろうか。もちろん、今述べたように直接の理由は、戦時色が深まると共に客足が遠のき、最終的には接収に至るわけである。しかし、例えば、かの「宝塚」ですら一九四四（昭和一九）年三月から一九四六（昭和二一）年二月まで、大劇場はじめ主な施設は海軍航空隊、ついで連合軍によって接収されている。ところが、さすがに一九四四年には年間四一万人を割った宝塚新温泉の観光客も、敗戦直後の一九四七（昭和二二）年には二三一万人を越え、劇的な復興を示している。以後の盛況は、いうまでもない。また、関東の私鉄経営の遊園地、例えば西武の豊島園、東急の多摩川園なども立派に経営を続けている。以下、これらの電鉄・遊園の経営思想と、「浅電」・「粟ヶ崎遊園」のそれにいかなる差異があったのか、若干の検討を加えてみよう。

まず、平澤に影響を与えた小林の発想をもう一度整理してみる。要するにそれは、都心のターミナルステーションと終点のレジャーランドを線路で結び、その両側に文化住宅街を建設、その結果、平日は通勤に都心へ、休日は郊外のレジャーへといった新しいライフスタイルを定着させるという論理である。その際ポイントとなるのは、分譲地と都心とを結ぶアクセスの確保であった。これが保証されさえすれば、所有している土地が売れる。しかも住宅を購入した客は、そのまま鉄道の客ともなり恒常的に運賃を支払う。そのサイクルを繰り返すことが肝心なのだった（津金澤一九九一）。

この小林の後継者を自他ともに任じたのが、西武鉄道の堤康次郎と東急鉄道の五島慶太である。猪瀬直樹『土地の神話』によれば、彼らは「ともに小林の思想のある部分を拡大して継承することにより、終生のライバルとなった」という（猪瀬一九八六）。すなわち、堤は電車の終点の彼方に拓かれたリゾート地開発を中心に事業を展開し、一方、五島は鉄道路線の伸長と住宅開発をひとかたまりにした経営方針に重点を置いたのである。平澤、とくに晩年の彼に欠けていたのは、堤・五島らが小林から受け継ぎ展開させた、「不動産」の視点であった。平澤は常々「遊園はわしのかけがえのない玉手箱」と自負していたというが、それとは裏腹に、彼が本当に必要としていたのは、遊園ではなく「土地＝不動産」を軸とした電鉄経営の思想だったのである。「大別荘」よりも「小住宅」を、時代と市民は求めていた。

今日、向粟崎の住宅街近くには平澤嘉太郎の碑が建つ。この碑には、平澤の「私は個人の別荘を持ちたいとは思わない。日本一のこの大砂丘に市民の別荘を造るのが夢である」という言葉が刻まれている。しかし、平澤の夢は既に失われてしまった。その夢の跡には閑静な住宅街が並んでいる。「遊園」の痕跡としては、わずかに崩れかかった本館正面のゲートが残るのみで、今はその面影を伺うすべもない。

※初出「「北陸の宝塚」を作った人々」（加能地域史研究会『地域社会の歴史と人物』北國新聞社）二〇〇八年

Ⅱ　モダン博覧会、目玉は「伝統芸能」

1、「茶屋町」をめぐる諸問題

町並み保存と観光資源

北陸の城下町金沢には、藩政期以降いわゆる「遊廓」が存在した。とりわけ城下の周辺に位置する野田寺町と卯辰山ろくの両寺院群に隣接して、西廓（西新地）と東廓（東新地）の両遊廓があったことはよく知られる。この両新地は明治以降～昭和三〇年代までは公認の遊廓（茶屋町）、それ以降は歓楽地・観光地となり、〝伝統的都市〟金沢を代表する地域として現在に至っている。

ところで、とりわけ地域文化や地域経済の振興を視野に置きつつ、旧遊廓を語るとき、われわれはいくつかのテーマを設定することができる。例えば、茶屋町を都市の文化遺産としてとらえ、文化財としての保護の問題として検討する方途がある。この点〝非戦災都市〟金沢では、いち早く歴史的遺構として古い町並みが注目され、一九六八（昭和四三）年には全国に先駆けて「金沢市伝統環境保存条例」が制定された。この条例により、茶屋町を擁する犀川、浅野川、卯辰山の各風致地区をはじめとして、長町武家屋敷群・寺町台寺院群・卯辰山ろく寺院群などの八地区が、伝統環境保存区域に指定されている。

　その一方で、住民の生活の視点、住環境の問題として茶屋町をとらえる見方もある。すなわち、古い町並みなどの歴史的環境と、その地区住民が求める健康で文化的な生活環境とをいかに調和、調整していくかが課題となる場合である。というのも、金沢では一九七五（昭和五〇）年の「重要伝統的建造物群保存地区」の指定対象に「旧東のくるわ」があがった際、住民の強い反対運動によって阻止された経緯があるのである。その時点での保存対象地区は一三六軒、南北約一七〇メートル、東西約一二〇メートルの広範な区域であったが、反対理由は（多岐に及んだものの）、つまるところ保存地区指定住民の生活向上に何ら役立つところがないという認識であった（金沢市教育委員会一九七五）。歴史的環境が「武家屋敷」のように地区住民の精神的連帯のシンボルとなっている場合はともかく、そうでない場合はこの「旧東のくるわ」の例のように行政保存も容易ではないことがわかる。こうした保全事業はあくまでも地区住民の協力が前提であり、重要なのはその歴史的環境に対する認識の問題であることが痛感されよう。つまり、この段階では、むしろ「遊廓」イメージの払拭こそが、求められていたのである。

茶屋町のイメージ

　このように、旧遊廓＝「茶屋町」は背反する複雑なイメージを内包するため、保存の対象とした場合、しばしば特殊な問題を含む場合が少なくない。とはいえ、戦後の日本においては、高度成長期に都市の構造や景観が大きく変化し、古くからの町並みがつぎつぎと失われてきた事情もあり、金沢のように、非戦災都市にして高度成長の影響を比較的受けなかった都市では、武家屋敷群や遊廓の景観がかろうじて残され、これが「戦災で焼け残った日本情緒豊かな町並み」のイメージを醸し出すことになったことも事実であろう。その結果、こうした町並み景観を「観光資源」として活用しようとする行政や地域経済の要求も高まり、観光や商業空間としての要請が深まっていったのである。

とはいえ、もともと封建的な社会の習俗・風習たる「遊廓」を、現在の「観光資源」の核に据えようとするところに、これを推進する側にも、あるいは享受する側にも、その「観光イメージ」に対する立場・思惑の違いが自ずと生じることは想像に難くない。こうした茶屋町の観光イメージがいかなる位相をもち、またどのように形成されてきたのかを茶屋町を描いたテキストや図像、博覧会での取り上げ方等を参考に、現代の問題に通じる原型として、多少なりとも明らかにしていきたい。

そこで、本稿では、とりあえず金沢を代表する観光資源の一つ茶屋町のイメージが、金沢の「名所」や「観光」イメージにいかに反映されてきたのかを歴史的にたどりつつ、以下の課題に言及したい。すなわち、①茶屋町のイメージをメディア（文字テキスト・画像媒体）はどのようにとらえ、また作りだしてきたのか。なかでも②茶屋町の「近代的」な観光地イメージ（「観光資源」意識）は、いつ頃、どのように形成され、受け継がれてきたのか。以上の二点である。

2、「茶屋町」をめぐるイメージの変遷

名所・観光地としての認識

遊廓が、「名所」「観光地」としての認識を得たのは、いつ頃、どのような経緯をもつものか。以下、江戸から明治にかけての名所図を検討し、その過程を整理しておきたい。

金沢でも、江戸後期、文政期頃から「金沢八景」や「金沢十景」などの名所図が出回るようになる。こうした名所図のなかで、遊廓はどのような扱いをうけていたか、確認しておこう。まず丸山敦氏による江戸後期〜明治期の名所絵図の検討を参照する。

①「大乗寺山八景」／文政三年以降／江戸後期／奥村栄実詠
②「金沢八景」／天保一一年刊／狂歌師西南宮鶏馬著
③「金城八勝」／嘉永六〜安政三年／安藤広重「六十余州名所図会」
④「金沢十景」／幕末期／大橋卓丈・池田九華選
⑤「浅野川八景」／明治五年／森春岳画
⑥「上野八景」／明治七年／奥村栄通・狩谷竹柄選

これによれば、それぞれ金沢を代表する「名所」があげられているものの、いずれも茶屋町が除外されている点に注目しておきたい。この段階で、遊廓が「名所」であるという認識は実は希薄なのである。丸山氏によれば、遊廓や芝居は、いわゆる「悪所」としてのイメージからか、「繁華」な場所ではあっても「名所」には現れないとされる（丸山一九八九）。

一方、ここに明治前期の⑦「金沢勝地賑双六《めいしょうにぎわいすごろく》」（木版色刷）なる刷り物がある（三七頁参照）画面中の「撚糸社」「製糸社」「銅器社」などの設立年代から考えて、明治一〇年代の〝金沢名所アラカルト〟ともいえ、とくにそれら勧業のための工場や「尾山神社」神門、「博物館」「電信分局」「郵便局」「新聞社」など、いわゆる文明開化の風物を二五項目選び描いているところに、単なる名所巡り双六にない面白さがある。ところで、この双六には、江戸時代の名所図には描かれなかった東西の新地が含まれているのである。この点がこれ以前の名所を描いた図像と異なる点で、おそらく明治維新の解放以来、「新地」は市民権をえて〝悪所〟から〝名所〟に転化したものと推察される。

こうした傾向は、一八九七（明治三〇）年刊の⑧「金沢名所」（近広堂板）にさらに明らかである。これは「金沢名所」と題された石版刷りのシリーズで、発行年から明治三〇年前後の金沢の風景を描いたものと知れる。「尾山神社神門」「城南観兵式」「金沢城雪ノ景」「公園内大桜」など七景が（六項目）描かれており、やはり「東廓夜之景」も含まれているのである。その「東廓夜之景」はタイトルのごとく東廓の夜のにぎわいを描いたもので、大通りの桜並木、ガス灯、明かりのついた二階建ての茶屋の町並み、通りにあふれる客と芸妓たちを活写している。客の姿も着流しにシルクハット・ロイドメガネと、今からみるとアンバランスな出で立ちだが、文明開化の風俗として興味深い。学生帽にゲットの学生らしき姿もちらほらみえ、茶屋の客層もうかがえよう。ここでの東廓は、さきの「勝地賑双六」のイメージをさらに深めて（単純には二五景から七景の一つに昇格）金沢を代表する名所の一つとして認識されているのである。

明治後期〜大正期の名所案内

とはいえ、明治の後半以降頻繁に刊行された名所案内や案内付地図の類いをみてみると、しばしば茶屋町がこの対象からはずれていることにも気づく。例えば、⑨〜⑬は明治二〇年代後半から大正末までに金沢で刊行された案内絵図のいくつかである。

⑨『金城勝覧図誌』（明治二七年刊／平岩晋編）

尾山神社・勧業博物館ほか五一項目。茶屋町は除外

⑩『新版金沢明覧』（明治三七年刊）

尾山神社・天徳院ほか二六項目。茶屋町は除外

⑪『金沢要覧』（明治四二年刊／堀田如天編）

城址・出羽町練兵場ほか一九項目。茶屋町は除外

⑫「金沢市街実測図」（大正二年五月二〇日発行／新聞用達株式会社）

尾山神社ほか二四カ所の写真付、茶屋町は除外

⑬『金沢市案内』／大正一三年刊／金沢市役所

軍関係（三）・役所公益施設（九）・学校（二）・銀行（二）・病院福祉施設（二）・寺社（六）・公園（二）・植物（二）など三三項目。茶屋町は除外

これらを詳細にみてみると、役所や出羽町の練兵場など必ずしも名所や観光地とはいえない項目も選定されているが、多くは市民の注目や、博物館・神社仏閣など観光の対象となる場所が選ばれている。しかし、これらの項目のなかに茶屋町は、きれいに除外されているのである。それもさきにみた「金沢勝地賑双六」や「金沢名所」にくらべ、対象となる項目ははるかに数多くあげられているにもかかわらずである。これはどうしたことか。この背景として考えられるのは、明治期も半ばをむかえ、近代化の傾向が地方都市においても顕著となり、公園や学校、病院、あるいは軍隊施設など、新しい「名所」

がつぎつぎと登場するなかで、神社仏閣や景勝地などの従来型の「名所」との整合性が曖昧になっていることである。元来「名所」という概念は、かなり主観的な部分があり、その基準は選定者の恣意性によるところが少なくない。であれば、近世から近代への変化に際して、「名所」概念、「名所」観の混乱がみられるように思われる。つまり「茶屋町」という特殊な場所を、どのように位置づけるべきか大方の合意が得られていないものといえよう。

一方で、一般的には「四民平等」の世の中となり、建前としては身分的差別を克服する傾向がすすむ社会にあって、茶屋町（遊廓）といういささか陰影のある場所を、堂々と「名所」扱いするのは憚られるという雰囲気もあったのではないだろうか。例えば、以下の「記述」や「新聞記事」のように、明治～大正時代を通じて茶屋町に対する「悪所」イメージの継承は、厳然と存在していた。この点は改めて確認しておきたい。

○一八七二（明治五）年一一月二三日／一〇月二日の政府の僕婢娼妓解放と人身売買禁止の布告を受けて、金沢では区会所に東と西の両新地の家主及び娼妓養女・年季雇いの婦女らを招喚し、布告の趣旨を説明のうえ、家主より娼妓に暇を与えることになった。これにより、二十九日を限度として、娼妓すべてを本籍地に戻し、その親元などより引き受け証書を出させることにした（『稿本金澤市史』風俗編より）。

○一九一七（大正六）年一一月六日／芸妓検梅実施を反対していた東廓では、次々と廃業する芸妓が現れた。東廓事務所の机の上には、廃業芸妓の鑑札が山と積まれて居り、この日は五時ごろまでに八六人が鑑札を返してきた。残っているのは年の行かない者か、娼妓同様の検査を受けてもよいと平生から明言している二、三妓のみで、事実上東廓は全滅したといえる（『北國新聞』記事より）。

このように、茶屋町は都市を構成する重要な繁華街として、明治以降もにぎわいをみせる一方で、「名所」としての確固たる地位を確定するに至らず、これを憚《はば》かる負のイメージを含みながら、昭和期を迎えたのであった。このような前提を踏まえ、以下、昭和戦前期において、茶屋町が都市観光の重要な場所・素材として認識されるに至る経緯についてみて確認したい。

「観光雑誌」の登場

北陸金沢においても、大正末から昭和初期にかけて「観光」という概念が一般化し、金沢や石川を観光地として認知させようとする、さまざまな試みが目立つようになる。この背景として、昭和初年の不況の克服、とりわけ不況の影響を強く受けやすい繊維や繊維機械を主力とする県下の産業構造からの脱却の要求があった。こうした状況が、観光や商業など、新たな経済需要の開拓に活路を求める動向として現れたのであろう。

もちろんこの場合、金沢のメリットは、前田家に象徴される「加賀百万石」城下町の豊かな文化遺産を前提とした「観光資源」にある。とりわけ加賀友禅や加賀蒔絵《まきえ》、あるいは九谷焼などの工芸・地場産業の振興とリンクした「観光産業」の創設が目論まれたのである。加えて、南加賀地方の温泉郷や能登地方の自然風土と合わせ、金沢は石川県内の観光拠点として位置づけられていく。こうした一環として、金沢を観光地として整備していく取り組みが試みられるのである。なかでも、まず印刷メディアを使った宣伝に力が入れられ、観光に関連した書物・雑誌がみられるようになる。例えば、一九三二（昭和七）年三月には『北陸の産業と温泉』（塚田仁三郎編、北日本社）が刊行される。ここで注目すべきは、同書のなかに兼六公園・金沢城址ほか二二項目の「名所旧跡」とは別立てながら、「金城花町記」として茶屋町が紹介されていることである。

東廓／概して軽薄な気分が少なく、遊客をしていつも一種の暖か味を感ぜしめる気分それが東廓としての情調ともいうべきものであろう。今日の東廓を背負って立つ一線上の顔振は、次の花君であろう（以下芸妓名省略）。

北廓／此所は多少普通の人家も交じって居るがとにかく華やかな一廓を成して鷹揚な気分を漂わせてゐる。そこに一種特別の北廓気分が温醸されてゐるのである。

主計町（一名流）／浅の川大橋の袂から入ると二筋の街がある。前側の青楼は川の流れに沈んでゐるから、座敷の障子を明ければ月の光はさしこむに任せ川の水は静かに差さら着翠したたる様な向山は墨絵のやうに浮かんで来る正に糸玄歌さんざめく狭斜の巷である。

西廓／北廓と軒続きの花街である。百数十の楼金並び建って軒燈の光眩いばかり何れ劣らぬ名花玉妓を侍らせて一夜の夢を提供しその繁盛は何時に変わらない。

ここでは、各茶屋町が「名所旧跡」に準じるものとして「観光資源」視されている次第がみてとれよう。

とりわけ、各廓の差異化とそのアピールに注目しておきたい。このほか同書では、金沢競馬場・市公設運動場・大乗寺山スキー場、粟ヶ崎遊園など、昭和初期に流行し始めた新しいスポーツ・遊覧施設も取り上げられている。遊廓という江戸時代の系譜と雰囲気をもつ「遊び場」が、これと対極にあるいわば「モダンな遊び場」とともに、近代の「観光地」という範疇《はんちゅう》にくくられている点が、興味深い。

ついで、一九三三（昭和八）年一二月には本格的な刊行雑誌『観光の金沢』が創刊される。金沢観光協会の事業のひとつとして機関紙を刊行することが決まり、協会自らが編集したものである。内容は観光エッセイ、新聞人金沢観、金沢の素描、故郷「金沢」の思い出、観光所々、金沢と文人、短歌、俳句、座談会などバラエティに富んでいる。

ここで注目したいのは、「論説」に「観光」事業に関する関係者の発言がまとめられていることである。例えば、鉄道大臣の三土忠造《みつちちゅうぞう》は、「観光事業の重要性が一般に認識されるに至ったのは比較的最近のことであって、今後如何いかに之を進展せしむるかは重大なる問題である」としている（「『観光の金沢』の発刊を祝す」）。また、国際観光局長の佐原憲次も「『産業の鍵』としての観光事業」を提唱している。一方、地元金沢の鴨居悠（北國新聞学芸部）は、「石川、福井、富山は雪で宣伝されているから街も暗い、人の気持ちも暗いところであると思われるが、なかなか良い。ことに芸者のごときは他県の芸者に比べて殊に良いのです」とここでも北国の芸者をもちあげている（以上、一号の「観光の金沢を語る座談会」より）。このほか日本旅行協会名古屋支部の万代政次郎が、「旅館と花街」と題して茶屋町に言及（「金沢の大玄関から視て」）、郷土史家副田園松が「金沢花街の沿革」を三号～四号に掲載しているのである。

なかでも北間楼の北清喜栄と館屋の館秀雄による、「夜の情景」と題した座談会は、金沢の茶屋町が観光地としてどのような整備をする必要があるのか、実務的な議論に踏み込んで紹介したものである（北間楼　北清喜栄、館屋　館秀雄「接客業者観光地視察実見感想報告座談会」五号掲載）。煩瑣《はんさ》になるが、関係部分を引いてみよう。

北（北間楼　北清喜栄）：芸妓は前夜招かれたお座敷の客に対して、翌朝出発の際駅まで見送りすることはよいことだと思います。鬼怒川温泉は子の点《（ママ）》サーヴィスがよかった。それかお酌を旅館に出入りさせることは一定の時間に制限させることがよい。あまりおそくなることは一般の客に迷惑です。

館（館屋館　秀雄）：半玉制度はここでもやらせたいと思っている。それからお客を尊重して、特に芸妓はこの土地の事情を知っているから客になるべく話を仕向けて、暖かい情を醸し出すことが必要で、この点芸妓の質素向上は常に私共も考へて居ります。花代のことも十分考慮する必要がある。金沢は安いが、制度は他の土地に劣って居ります。なほ、お座敷の鳴り物に太鼓を入れてにぎやかにすることは、こちらでもやらせたらよいと思います。

これをうけて松橋宗次郎観光協会常任幹事は、「金沢にくる客は温泉に多く行きますが、その客止め方法としては、芸妓の玉の均一制をとり、不安なしに遊べる様にすること、及び女中が気が利いて客の気持ちを察する酔《（ママ）》うな訓練をしたらよいと思います」と述べている。これに観光協会の大島理事は、「観光協会では、市内の芸妓の写真帳を作成し、接客施設一覧表等を添へて、精々ご期待に添ふべく目下考究しています」と応えている。

また、同誌には「観光秘帖」（のち「観光緋帳」）と題して金沢四廓の芸妓のプロフィールを紹介した写真名鑑が連載されている点にも注目しておきたい。本来お座敷の閉じた遊興空間に限られていた、芸妓の実像（虚像？）が、観光雑誌という一般の目に触れる場所でまとまってに紹介されたことは、茶屋町がいよいよ「観光素材」として期待されるに至った状況を如実に語るものであろう。

なお、この『観光の金沢』は、戦後『観光と美術工芸』とタイトルを変えて継承されている（金沢北日本社刊、一九四九〈昭和二四〉年〜）。内容は、（イ）旅行の話、（ロ）美術と産業に関するもの、（ハ）名所旧蹟で、件の「観光秘帖」も表紙裏のグラビアあつかいで踏襲された。

金沢観光協会と茶屋町

ところで、『観光の金沢』を発刊した金沢観光協会は、この期の観光事業の展開にとってきわめて画期的な組織であったといえよう。当時全国的に地域の観光協会が設立されて行くなかで、金沢でもこうした動きにいち早く連動していたことは注目しておきたい。以下、この協会の概観を確認しておこう。

まず、同協会は、観光業者がその事業の推進を目的に組織したものであることはいうまでもない。とはいえ、組織の陣容からもうかがえるように、いわば「官民一体」の取り組みでもあった。というのも、協会の構成員は、旅館、寺院、料理業、交通業、特産品業、県、鉄道、商工会議所関係者で、会長は金沢市長、副会長は助役、以下金沢市政財界の主要メンバーが理事等に名前を連ねているのである。ちなみに事務局長の岡田九之吉は、金沢市の産業課長であった。その岡田によれば、同協会の創設により「近代的観光地としてのわが金沢がその威容を、積極的に、全国的に宣伝せんとするその第一歩は踏み出された」のだという（「金沢観光協会設立の経過」創刊号）。

これよりさき一九三〇（昭和五）年に鉄道省に国際観光局が設置されたことを契機に、一九三三（昭和八）年四月金沢においても観光事業に関する組織作りの第一回設立協議会が開催される。これにもとづいて、観光協会の組織が作られ、同年一〇月一日、市内卯辰山の公園にて創立総会及び発会式が開かれたのである。ついで、来たる一九三六（昭和一一）年の「東京オリムピック大会」（第二次大戦により結局は中止された幻の大会）にそなえて、石川県観光協会を組織するに至るのである。同協会の活動としては（イ）機関紙の発刊、（ロ）ポスター等の製作、（ハ）案内・接待が主たるものであった。以下、その具体的な活動、とくに茶屋町が関係した事例を機関誌『観光の金沢』の記事「観光日誌」（一九三四／昭和九年分）から引いておこう。

一月二四日、東京盛会雪見団体一行来沢。係員総出で案内接待につとむ。市内観光後公会堂に於いて晩餐会開催。東廓芸妓連中並高砂社中の金沢踊並加賀万歳を観覧に供し、十二分に歓を尽くす。出席者左の通り。東廓、みよ次、清子、しづ子、勝子、小まつ、久栄、小照、峰栄、貞子、菊枝、指揮、竹琴女将、高砂社中龍松、富久松、世士松、幸松、喜代松。

三月九日、桑名駅主催北陸観光団体一行来沢。山田幹事、津田嘱託、大岡、宮地、長屋、村田各書記出迎、案内、接待。市内観光後公会堂に於いて晩餐会開催。余興として芸妓金沢踊を行ひ旅情を慰む。出席者左の通り。西廓、濱子、玉栄、千代葉、外喜子、里千代、小よし、政千代、綱吉、栄龍、國栄、指揮吉駒女将。同じく盛岡運輸事務所主催北陸阪神周遊団体一行来沢、宿泊。市内観光後、公会堂に於いて歓迎会開催。前記西廓各会員を煩わし芸妓金沢踊を観覧に供し旅情を慰む。

三月一一日、盛岡運輸事務所主催北陸阪神周遊団体第二班来沢。山田幹事、津田嘱託、大岡、宮地、長屋、村田各書記出迎案内、接待。市内観光後公会堂に於いて第一班同様歓迎会開催。出席者左の通り。東廓、小千代、まんざい、千秋、峰栄、菊枝、信次、小まつ、みよ次、ひろ子、龍子、竹琴女将。

九月二二日、京都大毎旅行会主催北陸周遊団体一行来沢。津田嘱託、長屋、大岡、小原書記出迎、案内、接待、市内遊覧後仙宝閣に於いて昼食、余興として主計町の芸妓連中をわづら《（ママ）》はし金沢舞踊を行い旅情を慰む、主計町芸妓の出演者左の如し。福米なな子、土屋君千代、柄崎屋一葉、久の家久松、木津屋寿々奴、福芳朝次、茶屋清香、茶屋千成、越奴一助、茶屋寿、福米外美子、茶屋歌子、森亀栄龍、新艶菊栄、福米ぽんた

一〇月八日、東京日日新聞主催中部日本一周団体一行三百二十名来沢。小原、長屋、大岡書記、津田嘱託出迎え、案内、接待、市内遊覧後仙宝閣に於いて夕食席上北郭芸妓の金沢舞踊を観覧に供したり。米八、光子、玉千代、栄子、四五六、久龍、勘弥、丸子、市若、五郎、おもちゃ、小春、桃栄、金太。

さらに、「観光日誌」には、「四月二日、門司運輸事務所主催団体一行御来沢、出迎、案内、接待。

第一遊覧コース巡覧後公会堂にて西くるわ芸妓舞踊四季の金沢を観覧に供す」ともあり、すでに金沢市内の遊覧モデルコースが設定されていたことがうかがえるのである。なお、一九三四（昭和九）年一二月には、金沢駅前に金沢観光会館も建設されている。金沢駅に降り立つ観光客の観光案内場、ならびに特産品陳列販売場を設けた。金沢初の「観光センター」として後のこの種の施設の原型となった。

3、「産業と観光の大博覧会」と茶屋町

余興館（演芸館）と茶屋町

一方、金沢市では、不況を克服し、金沢の振興をいかに図るべきかを目標に、一九三〇（昭和五）年一二月金沢で博覧会を開催する旨の議決がなされる。帝都東京の震災復興博覧会が成功を収め、京都をはじめ地方での博覧会の盛況が続く傾向を受けて、博覧会開催によって経済不況を打開しようと目論んだものであった。明けて一九三一（昭和六）年一月には「博覧会期成同盟会」が結成され、翌三月中には「博覧会準備委員会」が設置される。こうして一一月には会場設営の基本設計を決めるとともに、月末には地鎮祭が執り行われたのである。

かくして、二府三三県一七市、北海道、台湾、樺太、朝鮮、満州をもふくめた、出品人員六〇〇〇人、出品団体二〇〇団体、出品点数約三〇万点の大博覧会が開催される。主催者によれば、「近代科学の一大殿堂であり昭和文化の大縮図」であった。会期は一九三二（昭和七）年四月一二日から六月五日までの五五日間。結果的には入場者延べ五五万人、入場料収入一四万円、売上収入七万円余の成果を

あげた。「商品界」（経済界）に及ぼした影響としては、「一般商品界には一〜五割の増収」「百貨店は三・五割の増収」「遊廓は約一割の収入増」とされたのである。

同博覧会は、市内出羽町練兵場の約三万坪を第一会場、旧金沢城本丸跡の約五〇〇〇坪を第二会場とした。この会場内に「構成派のモダン建築」のパビリオンが建造され、ありとあらゆる展示とイベントが繰り広げられた。このうち「人気の焦点となったのは、何と言っても芸妓連の踊りであって、市民にとっては土地贔屓《ひいき》、身贔屓、顔なじみが知らず知らずに彼女等を称賛する声となり、宏壮な建物と相俟って濃艶な情緒に魅惑されているので、その評判は最もよかった」（『協賛会誌』）とあるように、博覧会の盛況に一役買ったのが余興館（演芸館）における芸妓連の踊りであった。博覧会という新たな観光の手段と茶屋町／芸妓組織が、効果的な結び付きをみせた事例としてとくに検討しておきたい。

「産業と観光の大博覧会」会場（能登印刷出版部所蔵）

まず、舞台となった余興館（演芸館）の設備であるが、『博覧会誌』によれば、「五〇尺の高塔」をいただく「建坪四二八坪の近代的大劇場」であったという。観客席は約一〇〇〇名収容するもので、オーケストラボックスも完備した「大衆の慰安と芸術の殿堂」であった。この舞台で連日各遊廓の芸妓連がその華やかな姿と舞踊を競ったのである。とはいえ、芸妓の出演契約に関しては、やはり伝統的なしきたりの色濃くのこる業種でもあり、その交渉にあたった（博覧会）余興部は、「可成《かな》り面倒な仕事」であったと記している。しかし、「郷土色発揮と地元芸道奨励の意味をもって金沢芸妓をして舞踊せしめ」、結果として博覧会各種の余興中「断然王座を占め、もって人気の焦点たらしめん」との計画は、茶屋町の古い体質を動かし、最終的には金沢四廓（東・西・北・主計）の代表者を承知させ、以下の契約が締結されたのであった（以上『博覧会誌』より）。

「演芸館出演契約書」

金沢市主催産業と観光の代博覧会協賛会長中島徳太郎（以下甲ト称ス）ト東廓代表入　江孝次郎、西廓代表館秀雄、北廓代表小浦伊三郎、主計町代表小松三星（以下乙ト称ス）トノ間ニ協賛会経営ノ演芸館舞踊出演ニ付左ノ通リ契約ヲ成ス

第一条　甲ハ自己ノ負担ニ於テ博覧会第一会場内ニ演芸館ヲ建設シ興行法規ニ基キ一切ノ設備ヲ為シ演芸上演ニ要スル電灯、電力其他照明ニ必要ナル器具機械ノ取付設備ヲ為シ乙ニ無料提供スルモノトス

第二条　甲ハ自己ノ負担ニ於テ演芸ニ必要ナル道具方及蔭囃人ヲ雇入レ乙ノ上演ニ従事セシムベシ

第三条　乙ハ博覧会開会中其ノ所属ノ芸妓ヲシテ毎日（午前十一時開始）午前一回、午後一回演芸館ニテ出演セシムベシ

ちなみに、会期中の東廓の出番の回数をみてみると、四月は一二日、一六日、二〇日、二四日、二八日、五月は二日、六日、一〇日、一四日、一八日、二二日、二六日、三〇日、六月三日であった。それぞれ各遊廓の踊り子、地方《じかた》（唄、三味線）、鳴物が総出順番に出演したのである。

こうしたなか、評判を得たのが新作舞踊の「四季の金沢」であった。歌詞土岐善麿、作曲町田嘉章、衣装・装置久保田金遷・間宮秋陽、振り付けは各遊廓師匠が担当し、会期中の四月一二日から六月五日まで、四廓が交替で出演したものである。この「画期的な試み」は、「経済的にも精神的にも消し《ママ》て少なくはない負担」であったにもかかわらず、「敢然として公演」を敢行したものであったという。そのかいもあって、「金沢四廓の美妓連が研鑽を重ね歌と囃《はやし》につれて踊り出す『四季の金沢』は、なじみ深い地方人には勿論、遠来の観客にも、ただ夢見るが如き深い魅惑と感銘とを与えて、演芸館設置の目的を十分に果たした」（『博覧会誌』）と高い評価を得たのである。とともに、この演芸館への出演は、茶屋町／遊廓が、金沢の観光事業に総力をあげて取り組んだ戦前における貴重な経験であったといえよう。

加えて、この博覧会では、宣伝・広告のありかたが、重要なテーマとして認識されたのが特徴であった。詳細は省くが「博覧会の開設に当たって、まず最初に必要なものは宣伝であり、しこうして最後まで必要なのもまた実に宣伝である」と謳われたように、極めて積極的な宣伝戦略が展開されたのであった。おそらく金沢においては、かくも積極的かつ体系的な宣伝を本格的に試みた嚆矢《こうし》だったのではないか。しかし、このような宣伝広告の重視傾向は、二〇世紀初頭の博覧会の性格を規定するもので、いわば「情報化」の時代に対応したものといえよう。とりわけ北陸の地理的事情（裏日本イメージ）

を払拭する戦略として、徹底的大宣伝が必要だったのである。その際「観光」をポイントとして強調するとともに、これを支える「観光資源」の開発が求められ、そうしたなかで、茶屋町にたいする観光イメージの形成、すなわち、観光をめぐる「演出」（イメージ戦略）が急務とされたのである。これにより、博覧会の宣伝素材としての芸妓／茶屋町という戦略と、一方で茶屋町のイメージをより開放的・親密なものとし、都市中間層の登場を背景としたモダンな遊び／繁華街（金沢でいえば、香林坊・片町等）に、ややもすれば押されがちであった茶屋町／廓街が、「観光」を梃子《てこ》に「脱皮」する大きな契機になったものといえよう。こうした経験が戦後の「茶屋町観光」の原型であったことは、従来ほとんど認識されてこなかった事実といえよう。今日の金沢の「伝統的な町並み」を舞台とした「風情のある文化」、その代表的な素材としての「茶屋町観光」の基礎が、実は昭和初期における「観光」事業の戦略的な導入に際して、当初から培われていたことをとくに指摘しておきたい。

「茶屋町観光」の現状

戦後の混乱、昭和三〇年代の公娼制度廃止をへて、旧「遊廓」＝茶屋町は、一部の特殊な事例を除き、街区・町並みそのものが消滅するか、観光地として一般の観覧に供する都市型観光の資源として存在することになった。金沢においても、東・西・北・主計の各茶屋町は、条件の違いはあれ芸妓による伝統芸能・習俗を伝える「花街」としての機能を残しつつ、基本的には「遊ぶ場所」から「見る場所」へと変遷を遂げたといえよう。

この間金沢では、とりわけ茶屋町の町並みを色濃く残す東茶屋町にあって、紆余曲折をへたものの、近年では、建造物前景の改修に関する補助制度の整備や町並みの修景整備を背景に、いくつかの茶屋（例えば志摩や旧越濱＝懐華楼など）が金沢市の指定保存建造物に選定され（志摩はのち重文）、さらに二〇〇一（平成一三）年一一月には国の「重要伝統的建造物群保存地区」に追加指定されるに至っている。後者は、全国的にもまれな旧遊廓を対象とした選定事例として特筆されよう。このような「お墨付き」にくわえ、近年、空き家化した茶屋を土産物店、紅茶専門店、製茶販売店、遊廓記念館など、商業スペースとして活用するケースが目立ち、金沢の代表的な観光スポットとして盛況を呈している。

このほか、東茶屋町では、周辺の町並み（こまちなみ）や浅野川河畔の散策路の整備、泉鏡花『義血侠血』の滝の白糸像も設置された。さらに演舞場跡地の公園化（演舞場の復元の運動も起こっている）などのハード面での整備に加え、毎年春の恒例行事となった「金沢・浅の川園遊会」（金沢東山まちづくり協議会主催。水芸のパフォーマンスが好評）等の大々的なイベントや、各屋敷の格子脇のスペースをミニ展示場に提供する試みなどで、界隈のにぎわいを創出する努力が重ねられた。

一方、浅野川対岸の主計茶屋町では、浅野川河畔の立地の良さを背景に建造物の修景整備、演舞場跡地の公園化、金沢に題材をとった作品の多い作家五木寛之の文学碑（『浅野川暮色』の一節）の建碑、さらに界隈にある泉鏡花生誕地の整備と記念館の建設、隣接する金沢蓄音器館の建設などで観光地としての集客装置を整備している。これに加え、二〇〇〇（平成一二）年四月には、全国で初めて「主計町」の旧町名の復活を果たし、「伝統を守る町」のイメージを一気に高めた。さらに、犀川界隈の西茶屋町では、他の茶屋町に比べて町並みの喪失傾向もみられるものの、旧検番建物の保存、地元縁の作家島田清次郎の記念館の建設などの努力で、浅野川界隈に抗している。

以上のように、東茶屋町をはじめとして金沢の各茶屋町は、町並みの歴史と景観、界隈の雰囲気を背景に、それぞれの地域振興や観光文化の形成を試みている。こうしたなかで、本稿でふれたような明治から昭和戦前期までの茶屋町イメージの形成の歴史が、「茶屋町観光」の文化的蓄積を培ってきたものと思われるのである。こうした意味からも、茶屋町の観光文化の変遷について概観し、その意義を確認したしだいである。

※初出「茶屋町と観光文化―イメージでたどる金沢の『遊郭』―」（井口貢編『観光文化の振興と地域社会』ミネルヴァ書房）二〇〇二年

《コラム》若き工芸家たちの肖像

「工芸王国」石川

石川県は「工芸王国」である。少なくとも、「繊維王国」や「結核王国」など石川に付された数ある「王国」の形容のなかでは、「工芸」のそれは今でも生きている冠の一つであろう。従来この「王国」は、「加賀百万石」の伝統工芸、つまり藩政期の「伝統」とストレートに説明されることが多かった。

しかし、近年この「伝統」も、よくみれば何度かの「断絶」があることが指摘されており、言葉の正確な意味での「伝統」とは言いがたいものがある。その一つは、明治維新直後、士族社会が急速に没落し、消費者を失った細工者が次々に仕事を失っていった時期である。いま一つは、十五年戦争当時、しだいに戦時色が深まる中で、職人社会が完全に崩壊していった時期である。ことに後者は、太平洋戦争の前年に出された七七禁令、すなわち「奢侈《しゃし》品等製造販売制限規則」の施行により工芸資材が統制され、工芸職人の多くは、職人としての前途に見切りをつけ軍需産業に転身していったという。

加えて、この二つの衰退期の間、すなわち高揚期にあっても、「伝統工芸」とはいったん切れるかたちで展開しかけた、工芸自体の内的発展の芽を確認することができる。ことに「工芸王国石川」の名を高めた昭和初期における若き工芸家たちの「工芸革新」の動きは、特筆されるべきであろう。あえて概括すれば、その性格は、工芸のモダニズム、あるいは伝統的な工芸がコンテンポラリー・アートをめざした試み、ともとらえることができる。しかし、この試みは、やはり「挫折」したのである。

何故だろうか。ここで取り上げようとするのは、「百万石文化の伝統」からの脱却を図り、そうではない在り方の可能性を模索した工芸がたどった運命を、改めて検証する作業にほかならない。

「革新」する若者たち

一九二八（昭和三）年、帝国美術院展覧会（帝展）に第四部（美術工芸）が設けられた。この帝展第四部設置は、全国の美術工芸発展の大きな刺激になる。石川県でも帝展入選が大きな目標とされた。こうしたなかで、若手の積極的な姿勢が目立ってくる。例えば、一九二七（昭和二）年八月創設の新興作陶会（北出塔次郎・中村翠恒《すいこう》ら）、同年結成の調和会（染織の能川光陽、成竹登茂男ら）、少し遅れて漆友会（一九三一〈昭和六〉年以前、越野暁光ら）などがそれら若手のグループである。ことに注目されるのは、一九二七（昭和二）年ないし一九二八（昭和三）年に結成された朱鳥会で、北出をはじめ小松芳光・張間藤一・戸出雅夫・保谷美成・高橋勇らが名を連ねた。同会には金沢でもっとも若い世代が参加したという。ちなみに一九三〇（昭和五）年当時、主要メンバーであった小松芳光は二七歳であった。

さて彼らは、金沢出身の美校関係者などを通じて、中央の「工芸革新」の動きを感知していく。例えば、一九三〇（昭和五）年七月、東京から无型《むけい》の一行が新興工芸提唱の講演のために金沢にやってきた。金沢の工芸家たちは、この自由な雰囲気の東京で結成された革新的工芸団体に啓発され、また、勇気づけられたようだ。なお、无型は一九二六（大正一五）年に、高村豊周《とよちか》（鋳金）・広川松五郎（染色）・山崎覚太郎（漆芸）らが結成した革新的な工芸運動の前衛的存在であった（樋田一九八九）。

また、彼らはしばしば兼六園内の石川県商品陳列所に集い、ここで中央の新知識を得、互いに研鑽しあった。たとえば一九二八（昭和三）年五月、朱鳥会は同年の工芸奨例会展の合評会を開いているが、先輩の作品から同人の作品まで、今日では考えられないような辛辣な、それでいて研究的な態度で批判しあっている。おそらく当時の商品陳列所には、図案研究の本拠地としてだけではなく、工芸革新を模索する青年たちの溜まり場としての雰囲気があったのだろう。

ところで、こうした新しい工芸の動きの中で中心的役割を果たしたのは、図案家・浅野廉だった。彼は一九二〇（大正九）年から一九四〇（昭和一五）年まで、商品陳列所（のち工芸指導所）の所長を務め、若手工芸家たちの図案指導にあたっている。樋田論文によれば、この在職期間はまさに工芸運動興隆の時期にあたっており、戦前のモダンな空気を吸収した金沢の工芸家で、彼の新しい図案の洗礼をうけなかったものはいなかったという。

浅野は、一九一五（大正四）年、東京美術学校図案科を卒業。しばらくして陳列所に入所した。美校図案科では二年先輩に先の広川松五郎がおり、また、科は違ったがほぼ同世代に高村や豊田勝秋（鋳金）らの、のちに帝展工芸部をリードする人たちがいた。浅野も彼らを通して工芸革新の胎動を感じ取っていたのではないだろうか。このことは、彼以前に金沢の工芸界に影響力をもっていた島田佳矣《よしなり》（金沢出身の美校図案科教授、石川県工芸奨励会顧問）に較べ、浅野の図案がはるかに「清新な印象」を与えたとする工芸家たちの証言からも明らかだろう。例えば、モダニズムの象徴ともいえる「考現学」の今和次郎が、島田の講義に飽き足らず図案科を離れて独自の道を切り開いたというエピソードがあるが、同様に美校の学生たちは彼を反面教師として、アール・ヌーヴォー、アール・デコなど西洋の装飾模様に惹かれていったという。

挫折した「工芸の青春」

こうして昭和初期、「工芸の青春」ともいうべき光彩を放った「工芸革新」の試みだが、金沢においては最終的には完全な定着を見ることなく、しだいに伝統への回帰傾向を深めていく。その象徴ともいえるのが、浅野の県外への転出である。むろん彼は、本来商工省の技官であり、役人である限りにおいて転勤は当然のことではあった。とはいえ、二〇年の長きにわたる在任期間や、失脚とも取れる転出のいきさつを考えたとき、一つの時代の終焉を思うのは筆者だけではないだろう。浅野に替わって、一九四一（昭和一六）年、工芸指導所所長についた高橋勇は、資材配給、作家認定など、主として戦時下の工芸統制の任に当たらざるをえなかった。なお高橋は、金沢に生まれ、金沢市県外派遣実業練習生として美校に学び、朱鳥会への参加にみるように、かつては「工芸革新」の情熱に燃えた金工家であった。しかし、回想によれば、「東京にいたころは新しい動きに強く影響され、斬新な制作に挑戦していたが、金沢に帰るとやはり伝統的な作品を出品しないと通らないような雰囲気がなんとなくあった」とし、无型《むけい》の人々にも劣らないようなモダンな作風からしだいに遠ざかっていったという。

このように、石川の「工芸革新」が「挫折」したとの印象が強いのは、まさにモダンともいえる作品を残した何人かの人々が、機を同じくしたように県外への転出を図るか、もしくは制作活動そのものを停止させてしまうことである。例えば、浅野と同じく、石川県商品陳列所で若い工芸家の啓蒙に努めた図案家に中山修三がいる。中山は高岡に生まれ、美校卒業後、一時東京松屋呉服店意匠部に勤務したのち、一九二六（昭和元）年、図案技師として商品陳列所図案部に勤務した。一九二八（昭和三）年試験場技師に就任、のち各県の商工行政官を歴任している。中山は浅野よりも世代が若かった分だけ先端的図案にたいする関心も強く、木村雨山《うざん》から友禅技法を学んで帝展に出品した「婦入室用友禅染衝立」にみるような、広川松五郎ゆずりの構成派文様の斬新な作品を残している。しかし、中山未亡人の証言によれば、金沢を離れると同時に、彼は染織の筆を折ってしまったという。以後の中山は、謹厳な官僚としてその生涯を終えた。さらに、県立工業出身の八井孝二は、斬新な作風で帝展に連続入選を果たしているが、はやくに東京へ出てしまった。また、染色の河合健吉は、きわめて構成派的な染色壁掛けを制作しているが、影響を強く受けた広川松五郎に師事するためやはり上京している。また七尾出身の番浦省吾は、輪島で漆の修行を始めたものの、のち活動の場を京都に移し、その地でアール・デコ風な図案の漆作品に取り組んでいる。

「革新」から「伝統へ」

そうしたなかで、木村雨山（染色）の従弟、紙谷草土《そうど》は、この時代の変転をまさに体現した人物といえよう。彼の半生は、自らの著書『人間国宝木村雨山』に興味深く記されている（紙谷一九八九）。これによれば、彼は、雨山が独立した一九二三（大正一二）年請われるままに入門。その助手をつとめながら、同世代の陶芸、漆器、染色に携わる友人などと研究会を開いていたという。

彼の作品「破風染色壁掛」は二二歳のものであるが、彼はこう回顧している。「誰でもよく描く写実調の文様にあきたらず、作者の主観は他の方に解らなくとも〝線と丸〟の組み合わせだけで文様にならぬかと、毎日一線一線の書きたしで苦心を重ねていたものである」。こうした背景には「金沢で聞かれた仏蘭西展でみた四角や丸だけで描いた画家や、書物で見たカンジンスキー《ママ》、晩年の古賀春江、そして東郷青児、岡本太郎なども好きだった」という彼の感性が影響していよう。先の作品に「破風染色壁掛」と名づけたのも、「おこがましいが古風を破る意味で、若さをぶつけた」のだという。また、その頃の彼の容貌は「着物姿に頭髪はオカッパ」、「頭上にはコバルト色の低型の中折帽子を冠り、人目についても平気」というありさまで、まさにモダンを生き抜いた青春であった。しかし、彼には友人の河合健吉のように、広川をたよって上京するすべもなく、「工芸革新」＝モダンへの思いだけが空回りする中で、しだいに時代に流されて行くのである。

一九三七（昭和一二）年日中戦争の勃発により、友禅のような贅沢品の注文は途絶えてしまい、彼は転職の道を探さざるを得なくなる。止むを得ず、石川県繊維工業指導所能登部出張所工手として就職、しかし、一九四四（昭和一九）年には富山県商工技手として転出せざるを得なかった。戦中、栄養不足が原因で「指頭神経衰弱麻痺」という病を得たこともあり、終戦時の行政整理で職を失ってしまう。その後、「一八〇度の大転換」であったが、生活上の必要から鶏卵の卸小売を営むようになり、今日に至っている。あるいは、彼自身認めるように「大東亜戦争を契機に志が挫折した」のかもしれない。氏がしみじみと記す「道を少々外れたように見えるが、人生は複雑である」という言葉が印象的であった。こうして、石川の工芸は、保守的な風土の中、戦争の深まりとともに、いくつかの「青春の蹉《さ》跌《てつ》」をちりばめ、「革新」から「伝統」への旋回を遂げていくのである。

※初出「若き工芸家たちの肖像」（『ism21』vol.10／連載：新世紀のためのクロッキー、能登印刷出版部）一九八九年

第7章　「軍都」から「百万石城下町」へ

陸軍墓地の清掃（能登印刷出版部所蔵）

空襲のなかった城下町

石川県は空襲による被害のもっとも少なかった県の一つです。近年、終戦直前に爆撃の目標リストから漏れていたことが確認されており、「古都・城下町」であったからとか、順番がくる前に終戦をむかえたとかいう説は、否定されつつあります。おそらく本土決戦を目前に、米軍の攻撃目的が変更され、師団司令部が置かれたものの空爆の戦略的効果が薄いと判断されたのでしょう。

とはいえ、金沢でも初めての警戒警報が発令されたのが一九四三（昭和一八）年の五月、それ以後Ｂ29の機影が何回か確認されています。

こうしたなか、五月二五日には、Ｂ29数機が能登上空に侵入し、軍事拠点であった七尾湾付近の海中に機雷を投下しています。石川県防空本部では「敵機来襲に際しての県民の防空活動はまだ不完全として、県民に「重要なことは各人の防空必勝の精神である」「心の準備ができれば、毎夜防空服装を枕元に置き、非常食糧、救急薬品をそろえておくことができるはずである」と警告しています。また、空襲にそなえた家屋の強制疎開が実施され、七月に五六六戸、八月には幹線道路沿いに七六七戸、さらに官庁や学校周辺の木造建築物の即時撤去が告示され取り壊されました。いずれにせよ金沢は空襲被害を免れ、藩政期以来の城下町の骨格や町並みが残されることになり、市民生活やその後の「歴史都市」としての展開に、大きな影響を与えたのです。

※初出「空襲のなかった城下町」（共編著『図説　金沢の歴史』金沢市、二〇一三年三月）

Ⅰ 「軍都」の記憶と観光

1、観光資源としての「負の遺産」

ダークツーリズム

「ダークツーリズム」(Dark tourism)とは、災害被災跡地や戦争跡地など人類の死や悲しみ、いわば「負の遺産」を対象とした観光のことである。「ブラックツーリズム」(Black tourism)、あるいは「悲しみのツーリズム」(Grief tourism)と呼ばれることもある(井出二〇一三)。

「観光」は一般に娯楽性のあるレジャーの一つであるが、ダークツーリズムでは、むしろ悲しみを共有する学びの手段として、観光という概念がひろく捉《とら》えられる。具体的には、ポーランドのアウシュビッツ、中国の南京大虐殺、ウクライナのチェルノブイリ、ニューヨークのグラウンド・ゼロ(9・11)などが代表的な「負の遺産」とされる(ちなみに、ナチスの強制収容所は「世界遺産」に登録されている)。日本国内では、同じく「世界遺産」の広島原爆ドームや熊本県の水俣、沖縄県の戦跡などへのツアーが定着しているほか、東日本大震災後の福島第一原発周辺や津波の被災地を対象とする動きもある。また、近年、ハンセン病の療養所をダークツーリズムの受け皿にしようという試みも始まって

マイダネク強制収容所（筆者撮影）

いる。これらの意図は、主に「負の遺産」の意味を認識・継承することにあるが、水俣病やハンセン病などでは、「観光地」化で好奇の目にさらされることへの懸念も示されている。

　一方、のちに述べる「近代化遺産」の中でも、閉鎖された工場・鉱山・軍事施設が「廃墟遺産」として、一部愛好家が注目する段階から、近年、広範な認知を得つつある。「負の遺産」をめぐるツーリズムという概念自体も幅広い内容を含みつつあるといえよう。そこで本稿では、これらダークツーリズムのうち、戦跡や植民地など軍事・戦争をめぐる「観光文化」のありかたを考えてみたいと思っている。その際、「歴史都市」として、また、かつては「軍都」として知られた北陸の地方都市金沢を事例に、具体的な検証を試みてみよう。

「戦跡観光」の系譜

　戦跡は、かねてより主要な観光地の一つである。関ヶ原や川中島などの古戦場は、さまざまな文芸（美術）作品に登場することによって著名な観光地となり、ワーテルローやガリポリなど、近代戦争の激戦地も海外旅行の一部に組み込まれてきた（高山二〇一〇）。沖縄や広島・長崎も、いわば戦争遺産が「観光資源」となっている点は否めない。とはいえ、広島・長崎の被爆者の苦しみや悲しみは過去のものではないし、沖縄本島南部の山野には未だ遺骨や不発弾が多数放置されている。現地の人々にとって、これらは不安と負担を強いる「負の遺産」以外の何ものでもない。

ところで、そもそもわが国で漢語としての「観光」が、一般用語として使用された初めてのケースは、一八九三(明治二六)年一〇月に、日本軍による海外軍事施設視察に使用された「駐馬観光」だとされる。その後、軍人以外の者の海外視察等へと拡大してゆき、最終的には内外の民間視察にも使用されるようになっていった。こうした軍事・戦争と観光のつながりは、日露戦争の翌年(一九〇六年)に行われた「満洲修学旅行」が契機の一つといわれている。とりわけ、一九三〇年代には日本本土から「満州」への修学旅行もさかんに行われた(高二〇〇八)。このように、戦前期には、日本の植民地だった、台湾、朝鮮、満州などに「観光」に行く日本人も多かったのである。これら植民地は、日本人観光客にとって「遊興の地」となり、現地女性の「性」が「観光」の対象とされた場合も少なくない。今日、台湾や韓国の植民地時代の街区や建造物が観光対象として人気が出つつあるのも、大きくいえば、こうした「戦跡めぐり」や「植民地観光」の系譜ともいえよう。いずれにせよ、この問題で注目しなくてはならないのは、これら戦跡や植民地が、当時の人々に必ずしも「負の遺産」として認識されてこなかったことである。この点をふまえながら、「戦争の記憶」と戦争遺産の関係を整理してみたいと思っている。

2、戦争の「記憶」と戦争遺産

「戦跡めぐり」からヘリテッジ・ツーリズムへ

近年、「戦跡考古学」という分野が注目されつつある。主として戦争や軍事遺跡を調査研究の対象とする考古学で、「戦争遺産」（国防遺産）に関する保存、研究の取り組みのことをいう。対象とする時代は近代以降が中心となっているものの、発掘調査は前近代の事例に比べ、もちろん多くはない。調査研究対象としている戦争遺産＝戦争遺跡・遺構には、師団司令部・連隊本部などの地方官庁、要塞、練兵場、洞窟陣地、陸軍造兵廠《ぞうへいしょう》、地下軍需工場、戦闘地、空襲被災地、防空壕、浮虜収容所、軍用墓地などがある。とはいえ、日本では、こうした「文化遺産」についての認識と調査はまだ緒についたばかりで、蓄積の薄い分野の一つといえよう。認識不足を背景に、消滅してしまった遺跡・遺構・建造物も少なくない。戦後の「平和主義」的な社会風潮の中で、軍事に言及することを避けてきた傾向と、軍事施設・軍隊関係文書の破壊や焼却・廃棄など、資料の絶対的な不足によるところもその要因とされる。

このうち、日本で唯一地上戦があった沖縄は、とりわけ戦争遺跡が多く、人々の関心も高いものがある。例えば、陸軍沖縄守備隊三二軍司令部壕跡、「ひめゆりの塔」、「沖縄陸軍病院南風原壕群」などは、沖縄観光の「定番スポット」でもある。一方で、身内が亡くなった跡は、沖縄の人々にとっては「慰霊の場」であって、「文化財」とは捉えない人も多く、実は「戦争遺跡を文化財として残そうという意識は広がっていない」（池田栄史琉球大教授）ともいわれる。戦後七〇年、開発を逃れて残された施設や壕の劣化をどのように保存するのかが大きな課題となっているのである。

近代化遺産と観光

一方、「観光」の概念と対象が広がる中で、近代化遺産をめぐる「ヘリテッジ・ツーリズム」が注目されている。近代化遺産とは、工場、倉庫、鉄道など幕末維新以降、昭和戦前期にかけて建設された歴史的な建造物のことで（「戦争遺産」も一種の近代化遺産）、近年、これらの価値を認め保存し、地域振興や観光に活用する事例が増えている。歴史的建造物や景観に関しては、かねてより函館や小樽の煉瓦《れんが》倉庫群や鹿児島の集成館などが観光地として知られるが、近年では、臨界工業地帯の工場夜景をめぐるクルーズや鉄道遺産なども人気を集めている。とりわけ、二〇一四（平成二六）年に群馬の富岡製糸場が世界遺産への登録を果たしたことを契機に、一気に関心が高まる機運にあるといえよう。

いずれにせよ、町並みや歴史環境を重視する風潮のなかで、こうした近代化遺産を保存し、観光資源として「街づくり」に生かす試みも増えつつある。その際、歴史や地域文化を物語る「近代化遺産」には、従来型の観光産業の延長で考えるのではなく、あたらしい観光理念やコンセプトが必要である。そこで、「負の遺産」たる戦争遺産にも関心が寄せられているわけである。

金沢の近代化遺産

金沢は、一般の「加賀百万石」イメージに反して、実は煉瓦造や石造をはじめとする近代的な建造物が数多く建てられてきた都市でもあった。幸い空襲にあわなかったことと、高度成長期にも極端な破壊を免れたことから、比較的広範にこれら近代化遺産が点在している。例えば、尾山神社神門、加能合同銀行、第四高等学校本館、第九師団兵器庫、専売局煙草工場、犀川大橋、浅野川大橋などなど。「学都」や「軍都」ならではの建造物がよく残されている点が特徴といえよう。

ここで問題なのが、これら近代化遺産の保存と活用のあり方である。全国的には、残された建造物を文化・観光施設などに再生したケースも多いのであるが、保存の声が上がりながら破壊された建造物も少なくない。金沢でも市街中心部（南町から香林坊）の目貫き通りに建ち並んでいた、銀行や保険会社の重厚な石造・煉瓦造ビル群が、みごとに失われてしまった苦い経験がある。こうした反省をふまえて、高度経済成長後、「近代化遺産」の保存が徐々に認識されるに至った。例えば、金沢でも、旧大和紡績の工場跡を美術や演劇の拠点「市民芸術村」として活用した例が高く評価されており、最近では、旧石川県庁舎の前景を残して文化商業施設に再生した「石川県政記念しいのき迎賓館」が話題となっている。その際、地域のニーズを生かした活用方法を模索していくことが重要である。こうしたなかで、近年注目を集めつつあるのが、「軍都」の戦争遺産とその活用をめぐる動きである。以下、金沢の軍事遺産の現状と活用に関してまとめておこう。

3、「軍都」金沢の戦争遺産

「城下町」から「軍都」へ

江戸時代の金沢は、大名最大の領地を保有する加賀藩主の前田氏の居城であった金沢城と、その城下町として繁栄した歴史をもつ。しかし、日清戦後に陸軍第九師団が設置されたことを契機に、城下町時代の広大な城郭地や武士地が軍用地として変容を遂げ、こうした点に都市形成上の特徴がある。例えば、「加賀百万石」のシンボル金沢城跡が、師団司令部ならびに歩兵第七連隊の兵営となったことは、これをよく示している。お城の周り、出羽町一帯の大身武家屋敷群は出羽町練兵場、九師団兵器庫、師団長官舎、藩老奥村宗家の上屋敷は陸軍衛戍《えいじゅ》病院、小立野台地の旧武家地は上野練兵場に転用されていった。また、犀川を挟んで石川郡野村の原野は、野村練兵場ならびに、新設の歩兵第三十五連隊と砲兵などの各特科隊、さらに藩主・藩士らの霊地であった野田山墓地の一角も陸軍墓地に取って代わられている。かくして金沢は、北陸最大の軍事的拠点の地位を確保したのである。

さらに、「軍隊あるところ廓あり」という言葉があるように、軍隊の駐留地に遊廓が置かれることはよく知られる。「軍都」金沢でも第九師団誘致の段階で六カ所（東・愛宕《あたご》・西・石坂・主計《かずえ》・北）の遊廓が存在した。「将」「兵」ともども、「芸」「娼」を問わず、それぞれの需要を待合（料亭）や貸座席が満たしたのである。軍が遊廓繁栄の原動力の一端を担ったことは想像に難くない（本康二〇一四）。戦後、「遊廓」が「茶屋町」と名前とその役割を変えるなかで、「観光地」化した花街や旧遊廓建築群の景観が（本来の「負の遺産」イメージを払拭し）観光資源となっているケースも少なくない。この点も「軍都」の観光資源を考えるうえで一つのポイントとなろう。

なお、「陸軍墓地」「海軍墓地」など各地の軍用墓地も、現段階では必ずしも「観光スポット」とはいえないものの、今後、有力な「観光資源」になる可能性は大いにありえよう。もちろん、墓地や墓碑は、ある意味、歴史的な「負の遺産」ともいえるが、古来、著名人の墓地・墓碑が「墓参」をこえた「観光」の対象となることも少なくない（文人の墓碑をめぐる文芸的習慣、新撰組志士の墓碑をめぐるファンなど）。金沢では野田山墓地が近年整備を進め、江戸から明治期の文人・政治家など、著名人の墓碑を巡る「観光」も生まれている。もちろん、その中心は利家を筆頭とする藩主前田家の墓域であるが、一方で、日露戦争時におけるロシア人捕虜の墓への海外ツアー客の墓参、上海事件時に野田山に暗葬された、抗日独立運動家の朝鮮人尹奉吉《ユンボンギル》（天長節爆弾事件の実行犯）の墓や記念碑への韓国旅行者や在日韓国朝鮮人らの訪問も、ある意味ダークツーリズムの一種といえよう。

金沢の戦争遺産とツーリズム

「軍都」金沢の都市空間は、きわめて明確なコンセプトのもとで戦後の変貌を遂げた。というのも、金沢は太平洋戦争末期の空襲を免れたため、金沢城を中心とする都市の空間構造が、ほぼ戦前期のままに残されたからである。戦後の都市再編に際して、陸軍関係の軍事施設の広大な敷地は、そのまま教育機関などの公共施設に転用された。こうして、金沢では、城下町の空間構造が、その骨格を残したまま「軍都」を経由して、現代の都市空間にも引き継がれているのである。

これまで述べてきたように、旧金沢城周辺は、かつて出羽町練兵場を中心とする「軍事エリア」だった。このため、旧城内から兼六園の周辺には、旧陸軍の施設の遺稿が比較的まとまって保存されている。今日では「文化ゾーン」として親しまれるこのエリアが、かつては「軍都」の中核であったことを確認するために、現在この周辺に存在する旧軍関係の建造物をへリテッジ・ツアー風に紹介してみよう。

まず、金沢城域には、かつて第九師団司令部が置かれ、あわせて第六旅団・第七連隊それぞれの司令部と兵営が置かれていた。戦後は国立金沢大学のキャンパスに、金大移転後は、石川県が管理する「金沢城公園」（当初は「金沢城址公園」）として観光整備が進んでいる。このため軍事的拠点であった往事の姿を想像するのは難しいのであるが、それでもいくつかの戦争遺産がみられる。例えば、城内二の丸奥、甚右衛門坂を上ったところに、【歩兵第六旅団司令部庁舎】が現存する。金沢大学があった当時は、大学開放施設として利用されていたが、現在は倉庫として使用されている。このほか旧城内には、鶴の丸あたりに、旧城の石垣も利用した煉瓦造りの【弾薬庫通路】が残されており、弾薬の誤爆を想定した堅牢な煉瓦壁の【防護壁】が確認できる。鶴の丸には、通称【鶴丸倉庫】と呼ばれる建物が残されており、第九師団の被服庫としても使用されていたようである。近年、幕末期の建造による遺構と認定されて重要文化財になった。

第九師団司令部庁舎（筆者撮影）

一方、金沢城に付随した、名園「兼六園」の敷地内にも、意外なことに戦争関係の遺産がある。園内の千歳台にひときわ異形を放つ【明治紀念之標】（日本武尊《やまとたけるのみこと》銅像）は、一八七七（明治一〇）年の西南戦争で戦死した将校兵士を慰霊するための記念碑である。かつてはこの銅像の前で招魂祭や戦勝記念祭が開催され、今日も日本最古の銅像モニュメントとしてその勇姿を誇っている。

兼六園に隣接する出羽町も戦前は軍の施設が建ち並んでいた。

陸軍偕行社（筆者撮影）

道路を挟んで成巽閣《せいそんかく》の向かいには、石川県立歴史博物館の分館が残っている。向かって左が【旧陸軍第九師団司令部庁舎】で、向かって右が、【旧金沢陸軍偕行社】である。ただし、両建築ともに移築されたものである（両建造物は、国立近代美術工芸館の移転に伴い、県立歴史博物館脇に移築されている）。九師団司令部の庁舎は、もともと一八九八（明治三一）年に、金沢城内二の丸跡に建築された木造総二階建てで、創建当初は一階中央に玄関ホールを配し、両翼に廊下を付して軍医室や参謀室などの個室を並べていた。二階はホール上部に師団長室、他は一階と同様個室が並んでいたといわれる。一方、旧金沢陸軍偕行社《かいこうしゃ》は、当初は大手町に一八九八（明治三一）年の第九師団設置とともに建てられたものだった。一階に軍装品を売る販売所があり、遊戯室では将校たちが玉突きや囲碁、将棋などの娯楽に興じていたといえる。なお、「偕行社」とは、陸軍将校の親睦団体で、いわば陸軍の互助組織だった。

道路を挟んで、本多の森公園には、県立歴史博物館の赤煉瓦三棟が並んでいる。【旧陸軍第九師団の兵器庫】として建てられたものである。戦後、金沢美大（当初は、美術工芸専門学校）として使用されたのち、一九八七（昭和六二）年に改修し、県立歴史博物館として開館した。隣の石川県立美術館も、かつては陸軍兵器庫（木造棟）敷地で、さらに隣接して【第九師団長官舎】が残されている。師団長官舎は、木造平屋建て。高官公邸は普通官舎に比べて規模が大きく、しかも西洋風に建てられるのが一般的だった。戦後は、米軍将校の官舎、家庭裁判所、児童会館、野鳥園事務所などさまざまな施設に使用され、現在は兼六園広坂休憩館（美術館分館）として活用されている。出羽町近辺の旧軍施設としては、【石川護国神社】も実は陸海軍所管の旧軍史跡である。一九三五（昭和一〇）年四月、出羽町招魂社《しょうこんしゃ》として社殿を竣工。同月一三日には「遷座祭」が執り行われた。このほか、現、金沢医療センターも、もとの【陸軍衛戍病院】の跡地に建てられたものである。このように大手町（金沢城公園）から出羽町（本多の森公園）周辺は、「軍事エリア」が「文化・観光エリア」に転化した、金沢の歴史のいわば「象徴空間」ともいえよう。

まとめにかえて

石川県、とりわけ県都金沢は、第二次大戦の戦災をまぬがれ、長い伝統に培われた文化遺産が豊富に存在するといわれる。とはいえ、一方では開発の波が地方にまで及び、大型の都市再開発事業に伴って各種の貴重な建築文化財が失われ、その保存も強く求められてきた。このような状況の中で、軍事・戦争に関する遺産も、近代化遺産の分野の一つとして貴重であるとともに、「軍都」として発展した金沢の「伝統都市」や「文化都市」としてのイメージとはやや異なった側面を示すものであろう。しかも、「負の遺産」をめぐるツーリズムが関心を高めるなか、「戦争の記憶」を含む都市の重層的な理解と楽しみ方を与えてくれる可能性を示しているのではないだろう。その点、例えば、県立の歴史博物館が「兵器庫」という軍事＝歴史的建造物を「文化財」として保存し、「文化・教育施設」のみならず、「観光資源」としても活用するという手法は、きわめて今日的な意義を有するものといえよう。緑豊かな文化的景観のなかで、歴史性を強調した旧陸軍の兵器庫が、歴史の博物館として存在する都市空間の観光的なアピール力は、決して小さくないものと思われる。いずれにせよ、広い意味での「歴史観光」は、「負の遺産」の意味をも深くとらえる作業を重ねながら創造されていく必要がある。「観光都市」の在り方の一つのモデルとして、金沢の観光文化が「軍都」の要素を含め、一層ブラッシュアップされることを期待したい。

※初出「「負の遺産」の伝え方」（井口貢編『観光学事始』法律文化社）二〇一五年八月

Ⅱ　ひゃくまんさんは、「未来志向」のシンボル

1、「八幡起上り」のイメージ

「加賀八幡起上り」と呼ばれる郷土玩具がある。加賀金沢に伝わる朱の姫ダルマで、「松竹梅を描いた愛らしい姿が特徴」とされる。一二代藩主前田斉広《なりなが》の時代に正月売り始めの景物にされたのが始まりとされ、藩政末期から誕生、成長の祈り、婚礼、年始の贈答、病気見舞い等に重宝されたという（村尾一九七〇）。例えば、この玩具をめぐっては、金沢では次のような風景が見られた（傍点、引用者）。

イ．これらの玩具は、明治維新の際まで、みな金沢の玩具師が作れるにて、他よりの移入なかりき、玩具師のもっとも名ありしは、大越屋・三国屋・能登屋などなり、殊に金沢にて作る起上り小法師は、京阪地方の達磨に異なり、武内宿禰に抱かれたる貴人が、松竹梅の模様ある蜀江錦に包まれ給うに擬したるものにて、他地方のものと異なり、子女ある家庭にては、小型の起上りを多く箪笥に入れて置けば、着物おのずから殖えると称は（ママ）れ、疱瘡除け若くは病気見舞いなどにも用ゆ

（和田文次郎『稿本金澤市史』風俗編第二）

ロ・加賀万歳が寄席で演ぜられた際、最後に一座総出で早踊りが演ぜられ、お客が一時に下足場へ下駄をとりに殺到する客足をなだめるため、大夫が三宝に小さい起上りを盛ってきて客席にばらまいた情景は、私の少年時代のまぶたに深く印象づけられている　（郷土史家副田松園の証言）

加賀の「起き上がり」の由来については、安江八幡宮の社伝に、「氏子の一老翁が八幡宮に参詣して御神像を受け、日夜多幸を祈って宏大なる御神恩に浴したことを深く喜び、諸人のために此の起上りを発案して毎年正月神前に献じた」とある（傍点、引用者）。すなわち、「八幡宮の御神像」＝応神天皇がそのモチーフとなっている。

古来、「起上り小法師」（や「達磨の玩具」）は、何度倒しても起き上がることから、「七転び八起き」「不撓不屈」の意志を表象した。縁起物として「無病息災」「家内安全」の機能を現すとともに、何度負けても立ち上がる、例えば、戦場での「不屈の精神」をも象徴した。うがった見方をすれば、昭和・太平洋戦争期の「七生報国」思想に通ずるものともいえ、小法師の意匠が「八幡宮の御神像」であることと併せ、まさに神功皇后をめぐる言説の一例といえよう。

ところで、「神功皇后伝説」に関しては、古代史のみならず、近世・近代史の分野でも厚い研究蓄積がある。古くは、和辻哲郎が「神功皇后の伝説は明らかに『伝説』であって歴史的事実ではない」と喝破したように（和辻一九二二）、世俗の認識に反し、学問のレベルでは神功皇后が神話上（架空）の存在であることは自明の前提とされてきた。そのうえで、近代史のテーマとしては、明治以降、近代天皇制の形成過程で、維新政権が神功皇后（あるいは神武天皇）をいかにイメージとして活用したかという点をめぐり考察が重ねられてきた。

　例えば、牧原憲夫は、「起業公債」（一八八一〈明治一四〉年「大日本帝国政府起業公債五百円証書」）に描かれた神功皇后について分析し、このデザインが、「文明国の国民にして天皇の臣民を作り上げること」を目標とした「文明開化の本質」を見事に表現しており、「三韓征伐の神功皇后は、『国権拡張』のシンボルともなりえた」のだとしている（牧原一九九四）。これに対し、塚本明は、「明治政府が文明開化策を打ち出したときに、なぜ神功皇后を持ち出したのかが問われなければならない。それが国民統合のシンボルになりうるためには、民間に未知の存在では有効ではない」と指摘し、さらに「民衆の側は、秀吉の侵略と神功皇后伝説と鬼退治伝説とを融合させ、朝鮮人を『征伐』の対象としての鬼と表現するに至った」のだと、むしろ前近代からの継続性を強調する（塚本一九九六）。こうした指摘からは、神武天皇が「民間に未知の存在」であったのに対して、神功皇后は「よく知られた存在」であった、との仮説を導き出すことも可能である。ちなみに、リチャード・W・アンダーソンは、江戸後期から明治中期の神功皇后をモチーフとした奉納絵馬に注目。「征韓論よりも早く、神功皇后伝説が朝鮮侵略を正当化していた」と指摘している（アンダーソン一九九六）。

　こうしたさまざまな実証分析を踏まえ、原武史は、西日本を中心とした「神功皇后伝説」は、近代の「神功皇后」イメージ確立

加賀八幡起上り（筆者撮影）

の前提と総括したのである（傍点、引用者）（原二〇一五）。

2、神功皇后伝説と「皇国」意識

明治維新以後、日本は植民地支配と侵略戦争により国家の権益を海外、殊にアジアの各地に扶植していった。その際、歴史上の「先例」と見做されたのが神功皇后伝説であった。日本は古代に朝鮮を服従させた「事実」があり、そのことが朝鮮・満州（中国東北部）の植民地支配や侵略戦争を担ったとされる（さらにさかのぼって、喜田貞吉らの「日韓同祖論」にまで至る）。とりわけ神功皇后は実在の人物とみなされ、侵略戦争を精神的に支える役割を果たし（「現代の聖戦」）、学校現場では国定教科書をもとに「三韓征伐」も歴史的事実として教えられていた。以下は、国定教科書『尋常小学国史』上巻（文部省、一九二〇〈大正九〉年一一月発行）の記述である（傍点、引用者）。

皇后舟いくさをひきゐて対馬にわたり、それより新羅におしよせたまふ。軍船海にみちみちて御勢すこぶる盛なりしかば、新羅王大に恐れていはく「東の方に日本といふ皇国ありて、天皇といふすぐれたる君いますと聞く。今来れるは必ず日本の新兵ならん。いかでかふせぎ得べき」とただちに白旗をあげて降参し、皇后の御前にちかひて「たとひ太陽西より出で、川の水さかさまに流る時ありとも、毎年の貢はおこたり申さじ」といへり。やがて皇后凱旋したまひしが、其後百済、高句麗の二国もまた我が国にしたがへり。」

神功皇后渡韓図額（拡大、明治21年　能美市・八幡神社所蔵）

このような「皇国」意識は、しだいに「帝国」意識に展開し、大正期には一般庶民のなかにも浸透していったものと思われる。例えば、加賀象嵌《ぞうがん》の「最後の後継者」として知られる米澤弘安の書き残した日記（『米澤弘安日記』）には、以下のような記述が随所に確認される（傍点、引用者）（編纂委員会二〇〇一―二〇〇四）。

○明治三十九年　一月一日
　乙巳去りて丙午来る。日露戦争終わりをつげ、光栄なる平和の新年を向ひたる。元旦は、門に戸に松飾いやが上に常盤の色濃く、新藁の注連神代以来皇国の古き語り　日章旗は軒頭高く翻れり

○明治四十四年　二月十一日
　今日は紀元の佳節にして、皇祖国礎を橿原に定め給ひてより百二十一代二千五百七十余年皇統連綿として天壌に窮まりなく、加ふるに朝鮮は領土となる　大いに祝すべきなり　正午、出羽町練兵場にて百一発の祝砲を放たる　轟々と市内に鳴り渡る　壮快

ちなみに、弘安は一八八七（明治二〇）年金沢生まれ。その日記は、

一九〇六（明治三九）年から没年まで書き続けられており（三一冊）、優れた金工技術を身に着けた「最後の職人」の記録としても、日常身辺の生活記録としても興味深いものである。

3、軍隊と八幡守護神

地域の八幡社が、武運の神・「軍神」として、近代の戦役ごとに地域の兵士動員・銃後の民衆統合の拠点となったことは、よく知られている。石川県域においても日清・日露戦争から十五年戦争まで、多くの兵士が村の八幡社で出征凱旋の式典にのぞみ戦地に赴いた。例えば、日露戦争時、第九師団は乃木希典《のぎまれすけ》率いる第三軍に属し、一九〇四（明治三七）年五月動員令。のち、主戦場の旅順攻略や奉天会戦に参戦したため、犠牲者は他師団をはるかに凌いだ。『北國新聞』の案内広告から、市内各神社の祈願祭と守護札下賜の様子がうかがえる。

○本日十四日、征露戦役祈勝祭執行、軍人及出役兵ニ戦時守護、守札ヲ授与ス
　明治三十七年二月十一日　尾山神社社務所

○本日十四、十五日、征露戦役祈勝祭、軍人及出役兵ニ戦時守護、守札ヲ授与ス
　明治三十七年二月十一日　安江神社社務所

○来る十五日、征露戦役祈勝祭執行、軍人及出役兵ニ戦時守護、守札ヲ授与ス
　浅野川神社社務所　御守り札御入申の方は当日授与ス

○泉野神社　不拘戦勝守護の神符ヲ呈ス　○久保市乙剣神社　無料神符授与

昭和の十五年戦争期には、市内各神社で、例祭の祝詞に加え、時局に応じた「辞別《ことわけ》」として、皇軍の武運長久祈願が付加され、これらの神社祭典に広く国民が参画した。また、忘れてならないのは、地域の部隊は、戦役のみならず朝鮮半島をはじめとする外地（植民地）に派遣駐留を繰り返していることである。例えば、金沢城跡に駐屯していた陸軍歩兵第七連隊の守備派遣の事例は少なくない。その際も、地域の兵士の出兵・凱旋の拠点となったのは多く村の八幡社であった（境内には、しばしば忠魂碑が建立された）。金沢の「中核的八幡社」である尾山神社も、ことあるごとに出兵部隊や渡航団体（例えば満蒙開拓団など）や彼らを祈願する家族の参拝の舞台となっている。

このほか、「営内神社」「隊内神社」（軍が施設内に設けた守護神社）は、その守護神的性格から八幡信仰との関係が深いとされる。例えば、営内神社の嚆矢《こうし》、東京陸軍工廠《こうしょう》の「赤羽神社」も元は八幡社で、全国的にも営内神社の多くが衛戍地の八幡神社に勧請《かんじょう》を受けて創設されている。

このように、近代においては、八幡社・八幡神は、武運の神「軍神」として、戦役ごとに地域の兵士動員・銃後の民衆統合の拠点となった。一方、神功皇后は韓国併合をはじめとした、大日本帝国の海外進出のモチーフとして喧伝されていく。その際、金沢では、尾山神社や安江八幡社が、招魂社や護国神社とは別に、戦勝祈願（武運長久・弾除け祈願）の拠点として、多くの参拝者を得ることになるのである。

4、金沢の八幡信仰

明治維新政府は、近代天皇制の創設に当たって、神武創業を「復古」の原理とした。そのシンボルとしての「古代」天皇像を浸透させるために、近世以来、西日本中心に展開していた神功皇后伝説の「聖母」イメージを活用した。その際、神功皇后伝説の評価は近世と近代の断絶を強調するか、連続性を前提とするかでも分かれている。さらに、東日本、とりわけ北陸・東北の事情をどのように理解すべきかは、「国民国家」の形成、国民統合の問題として見逃せない。東京奠都《てんと》を契機として、東日本の民衆が、神武天皇・神功皇后をどのように受容したのかをも検証する必要性があろう。

この間の研究により、「神功皇后伝説」には、二つの側面（三韓征伐の軍神・応神天皇の安産祈願）があることが明らかにされた。しかし、北陸の神功皇后伝説は、渡航信仰としての側面も有するし、金沢では、ひろく「八幡」信仰として統合され、むしろ顕著な「神功皇后伝説」は希薄といわれる。とはいえ金沢の八幡社は、城下の神社のなかできわめて重要なポジションを有していた。すなわち「金沢五社」のうちの二社が安江八幡社と卯辰八幡社で、両社は五社筆頭神官の厚見家が所管し、しかも安江八幡社は城下最大の氏子数・エリアを擁した。このうち卯辰八幡社は前田利家を「密祀」し、藩主家の祈願所として崇敬を得、安江八幡は応神天皇をモチーフに安産祈願＝世子誕生祈願としての「武門の守護」となった。

明治維新後、卯辰八幡社の「隠れ祭神」利家は、創建された尾山神社の祭神として再生、「藩政期の記憶」を再生産する拠点として、いわば「金沢の総社」に位置づけられた。一方、安江八幡は安産祈願を強調。すなわち、金沢（加賀藩）の場合、八幡信仰は「軍神」としての藩祖崇拝を軸に、「神功皇后伝説」自体が「家の存続」を祈願する産育信仰的な変容（「加賀八幡起上り」）を遂げたのではないだろうか。

ところで、幕末から維新期にかけて形成された「皇国」意識は、時代や立場により、さまざまな様相を見せた（例えば、明治後期には「神国」意識としてしだいに定着し、日清日露戦争を経るなかで、いわゆる「帝国」意識として展開する）。これを具体的かつ総合的に検証することは困難だが、例えば、金沢在住の象嵌職人・米澤弘安の日記などは恰好の素材といえよう。その記述からは、庶民のアジア認識が意外に「帝国」主義的であったことすらうかがえる。この点に関してもさらなる考察が求められよう。

卯辰八幡宮跡（宇多須神社境内）（筆者撮影）

※初出「神功皇后伝説の地域的展開と「皇国」意識―金沢の八幡信仰とその表象―」（高木博志編著『近代天皇制と社会』思文閣出版、二〇一八年（抄録））

《コラム》非戦災都市の戦後復興

空襲のなかった「軍都」

石川県は空襲による被害のもっとも少なかった県の一つとされる。実際、「軍都」であった金沢にも、直接の爆撃による被害はなく、機雷の二次被害などを除けば、県民の戦災による犠牲はほとんどない。金沢に初めての警戒警報が発令されたのが一九四三（昭和一八）年の五月。一九四五（昭和二〇）年に入ると七月一九日には福井、七月三一日から八月一日にかけて富山を大空襲が襲っており、「次は金沢」の恐怖は、常に市民の頭にあった。空襲にそなえた家屋の強制疎開も金沢・小松・七尾で実施された。金沢では、七月に五六六戸、八月には幹線道路沿いに七六七戸、さらに官庁や学校周辺の木造建築物の即時撤去が告示され、取り壊しにかかっている。しかし、その効果が証明されないまま終戦を迎えたのである。

一九四五（昭和二〇）年八月、日本はポツダム宣言を受諾。日本へ進駐した連合国軍の最高司令官総司令部（GHQ）が東京に置かれた。一〇月には金沢市内にも進駐軍「石川軍政隊」が到着している。部隊は、師団司令部の置かれていた金沢城址に駐留。郊外湯涌の白雲楼も高級将校の保養所として接収され、一時、市街地と湯涌温泉を結ぶ軽便電車敷設の計画もあったという。

引揚者と平和町

一方、終戦直後は、復員や大陸からの引揚者たちが大量に故郷に戻ってきた。富山や福井の空襲で焼け出された被災者を含め、かつての兵舎などが、生活難に追い込まれた人々の仮の宿舎となる。とりわけ、旧第九師団の特科隊が置かれていた野田・野村は、それらの「新住民」による新たな街づくりが進んだ。ちなみに、旧軍隊の門前町を「平和町」と改称した点に、この時代の雰囲気が表れている。

こうした時期の市民生活は、文字どおり「衣食住のみ」のための、最小限の要求充足に向けざるを得なかった。とはいえ、県都の金沢が空襲を受けずにすんだことは、やはり幸いであったといえよう。これを象徴するのが、「現美」や「国体」の開催である。

日本中が敗戦で茫然自失していた一九四五（昭和二〇）年一〇月、金沢市で第一回現代美術展が開催された。準備のための初会合がもたれたのは、なんと終戦翌々日の八月一七日であったという。洋画家の高光一也や舞台美術家の浅田二郎、彫刻家の長谷川八十、金工家の高橋介州ら、戦時中抑圧された若き芸術家たちのエネルギーが、「戦後初の美術展」に向かって噴き出したのである。ちなみに、展覧会の会場は旧海軍の施設（北陸海軍館）を転用、一一月一三日から二五日間の会期中に四万人を超える入場者を記録した。この成功に勢いを得て、一九四五（昭和二〇）年一一月、これも旧陸軍の兵器庫跡に金沢美術工芸専門学校が創設されている。「美術王国」「工芸王国」を受け継ぐ、戦後早いスタートであった。

一九四七（昭和二二）年八月には、地方初の国民体育大会である第二回夏季大会が開催された。戦後間もないというのに、全国から多くの若者が石川県に集まったのである。この背景には、金沢が非戦災都市であることと、体育関係者や地元政治家の熱心な誘致運動があったという。なお、秋季大会は、同年一〇月三一日から一一月三日まで、市内弥生に新たに建設された新素材アンツーカーの総合運動場で開催された。昭和天皇をむかえた開会式には、全国から一万五〇〇〇名の選手、役員が集った。金沢市民は、今日でも大会歌「若い力」を「振り」つきで歌えるというが、これも地方初の「石川国体」の記憶といえないだろうか。

なお、戦後復興といえば、一九五二～五三（昭和二七～二八）年にかけて金沢の隣村内灘で取り組まれた「内灘基地反対闘争」も大きな契機であった。一九五〇（昭和二五）年六月に朝鮮戦争がおこると、警察予備隊が発足して再軍備がはじまり、国内の軍需産業も米軍の「朝鮮特需」をうけて復活する。その効果は、砲弾類などの直接受注のみならず、機械・自動車の製造や輸送・各種サービスに及んだ。県下の産業も同様で、多くの企業が特需の恩恵を得たという。内灘も接収補償によるインフラ整備によって激変、零細漁業中心の寒村は、現在では金沢のベッドタウンとなっている。

復興と戦後モダニズム

長い戦争の時代が過ぎ、ようやく平和な時代が来ると、香林坊・片町も再びその姿を一変させた。幸いにも金沢は米軍による空襲で被災せず、復興の立ち上がりが他の地方都市と比べてきわめて早かった。進駐軍の米兵慰安のためのキャバレーやミルクホールがいちはやく開店、さらに庶民向けの「ぞうすい」簡易食堂も続々生まれた時代であった。戦地からの引揚者や富山、福井空襲で焼け出された人々が石川県に流れ込み、金沢市の人口も一九四五（昭和二〇）年から翌年にかけて二万人も増えたという。

こうした背景もあって、香林坊は娯楽のメッカとしての姿を戦後、瞬く間に取り戻した。これより先、金沢大神宮の境内周辺に林立していた多くの映画館は、戦争末期の建物疎開で取り壊されていたが、戦後一気に再建され、映画館を核とする繁華街として香林坊は復活する。当時、映画は「娯楽の王様」だった。テレビが普及する以前の昭和二〇年代から三〇年代までがその黄金期で、香林坊映画館街は、隣接する片町を含め客足を呼ぶ強力な磁力を発したのである。

急変しなかった戦後の町並み

一方、高度成長期に都市の構造や景観が大きく変化し、伝統的な町並みがつぎつぎと失われてきた事情があり、金沢のように、高度成長の影響を比較的受けなかった都市では、武家屋敷群や遊廓、さらに町屋の景観がかろうじて残され、これが「戦災で焼け残った日本情緒豊かな町並み」のイメージを醸し出すことになった。こうした金沢の特色が、「一周遅れのトップランナー」と称されたこともある。

この背景には、「新産業都市」の指定事情が影響したことも見逃せない。一九六二（昭和三七）年、政府は地域格差を小さくするため全国総合開発計画を立案。「新産業都市建設促進法」を制定した。金沢市もこの指定を渇望したものの、「新産業都市」の指定は、隣県の富山・高岡重工業地帯にもっていかれたのである。この結果に金沢市は焦燥し、おりからの「三八豪雪」による孤島化の経験もあって、金沢港の重要港湾指定、北陸自動車道路建設、市街地両側のバイパス自動車道路の建設など、本格的な都市基盤整備に腰をあげていく。

とはいえ、戦災を免れ素早い復興を遂げた香林坊・片町だったが、占領期を過ぎ、高度成長の時代となると、さらなる近代化、すなわち戦後の「モダン都市」としての脱皮が求められるようになる。例えば名古屋のように、焼け野原となった更地から復興を図った他の地方都市と比べ、金沢は計画的な都市整備が結果的に遅れてしまっていた。香林坊・片町も「北陸一の繁華街」と謳われながら、その街並みは旧態依然で、いわゆる「近代化」の緒についたのは、実は一九五七(昭和三二)年頃からである。木造の路面店の数々をセットバック(後退)と併せて鉄筋コンクリートのビルに建て替え、道路を拡幅してできた歩道の上には、雨や雪の日でも傘なしに歩ける片側式アーケードを設けたのである。

こうした工事が完了したのが一九六六(昭和四一)年。高度経済成長が絶頂期を迎える中、マイカーやバスに押されて、市内電車が廃止になったのが翌一九六七(昭和四二)年であったが、戦後二一年を過ぎ、「近代化」を遂げた香林坊・片町を象徴する出来事であったともいえよう。

ところで、市電の廃止は、「花電車」の映像とともに、今も金沢市民に大きな印象を残している。かつて市内の幹線道路には、いくつかの路線で市街電車が走っていた。その走行区域は、藩政期からの旧金沢市域とほぼ一致し、「街鉄」と呼ばれ親しまれた。しかし、路線バスが、しだいにその代行機能を果たすようになり、さらに、自動車の普及を背景に廃止となる。城下町の都市構造を残す狭い道路網には、車と電車の並存は望むべくもなかったのである。

※初出「非戦災都市の戦後復興」(本康宏史監修『昭和モダンの金沢 加賀 能登』能登印刷出版部、二〇一四年七月)
※初出「急変した(しなかった)戦後の町並み(建物疎開と非空襲)」(本康宏史監修『写真集 金沢の昭和』いき出版社、二〇一〇年)

主な参考文献

田中喜男『加賀百万石』教育社、一九八〇年
蔵並省自『百万石大名』桃源社、一九六五年
田中喜男「城下町の成立・変容―地内町から城下町―」（田中ほか『伝統都市の空間論・金沢―歴史・建築・色彩―』弘詢社、一九七七年）
日比野利信「維新の記憶―福岡藩を中心として―」（明治維新史学会編『明治維新史研究七　明治維新と歴史意識』吉川弘文館、二〇〇五年）
宮内庁『明治天皇紀　第四』吉川弘文館、一九七〇年
高木博志「紀念祭の時代―旧藩と古都の顕彰―」（佐々木克編『明治維新期の政治文化』思文閣出版、二〇〇五年）
徳田寿秋『加賀藩における幕末維新期の動向』（非売品）二〇〇二年
田崎哲郎『在村の蘭学』名著出版、一九八四年、田崎哲郎編『在村蘭学の展開』思文閣出版、一九九二年
青木歳幸『在村蘭学の研究』思文閣出版、一九九八年
高瀬重雄「黒川良安の履歴について―その『先祖由緒帳並一類附帳の検討』―」（『富山史壇』九六号、一九八八年）
尾鍋智子『絶対透明の探求―遠藤高璟著『写法新術』の研究―』総合大学院大学文化科学研究科国際日本研究専攻博士論文、二〇〇一年
鈴木淳「鉄砲鍛治から機械工へ―幕末の小銃生産とその担い手―」（近代日本研究会『年報・近代日本研究・十四　明治維新の革新と連続―政治・思想状況と社会経済―』一九九二年）
松島秀太郎「加賀藩軍艦所の鉄工機械類について―陸蒸気は汽車ではない―」（『石川郷土史学会々誌』二〇号、一九八七年）
岩崎鐵志「高島流砲術の伝播と展開―金沢藩壮猶館の場合―」（中山茂『幕末の洋学』ミネルヴァ書房、一九八四年）
小林忠雄・本康宏史「加賀のからくり師大野弁吉」（『からくり人形展』図録、朝日新聞社、一九八七年）
吉田亮「大野便吉の事蹟について」（『長春園襍記』石川県立歴史博物館蔵 大鋸コレクション）
山岸共「鈴見鋳造場の鉄砲製造に関して」（『石川郷土史学会会誌』第二四号、一九九一年）
葉山禎作「近世の生産技術の特質」（葉山編『日本の近世4・生産の技術』中央公論社、一九九二年）

19世紀加賀藩「技術文化」研究会編『時代に挑んだ科学者たち―一九世紀加賀藩の技術文化―』北國新聞社、二〇〇九年）
本康宏史『からくり師大野弁吉の時代―技術文化と地域社会』岩田書院、二〇〇七年
大石嘉一郎、金澤史男「近代都市財政史研究の課題と方法」（明治学院大学産業経済研究所『研究所年報』第一一号、一九九四年）
土屋敦夫『近代における歴史的都市と工業都市の形成の研究』（非売品）一九九三年
本康宏史「軍都「金沢」と地域社会―軍縮と連隊移転問題を中心に―」（橋本哲哉編『近代日本の地方都市―金沢・城下町から近代都市へ』日本経済評論社、二〇〇六年）
金沢市教育委員会編『旧東のくるわ（伝統的建造物群保存地区保存対策事業報告書）』金沢市文化財紀要六、金沢市教育委員会、一九七五年
井上雪『廓の女』朝日新聞社、一九八〇年
石川県各種女性団体連絡協議会編『石川の女性史』能登印刷出版部、一九九三年
人見佐知子「北陸・港町遊所の形成―加賀藩金石町相生町新地を事例に」（『年報 都市史研究』一七 遊廓社会、山川出版社、二〇一〇年）
加藤政洋『花街 異空間の都市史』朝日新聞社、二〇〇五年
東京市政調査会『日本都市年鑑』二、東京市、一九三三年
宮田登「「都市の民俗・金沢」へのアプローチ」（金沢民俗をさぐる会編『都市の民俗・金沢』国書刊行会、一九八四年）
津金澤聡廣『宝塚戦略―小林一三の生活文化論―』講談社現代新書、一九九一年
猪瀬直樹『土地の神話』小学館、一九八六年
丸山敦「金沢名所考」（金沢学研究会編『パフォーマンス・金沢 金沢学2』前田印刷出版部、一九八九年）
井口貢編『観光文化の振興と地域社会』ミネルヴァ書房、二〇〇二年
樋田豊次郎「郷土意識とモダニズム」（『昭和モダン 一九二〇〜一九四〇』特別展図録、石川県立歴史博物館、一九八九年）
紙谷草土「工芸の青春」（『へるめす』第二二号、一九八九年掲載の山口昌男「モダニズムと地方都市―北海道と金沢―」の付論）
井出明「日本におけるダークツーリズム研究の可能性」（『進化経済学会論集』№16、二〇一二年）
高山陽子「戦跡観光と記念碑」（『国際関係紀要』第二〇巻、二〇一〇年）
高媛「戦地から観光地へ ―日露戦争前後の「満洲」旅行」（『中国21』第二九号、二〇〇八年）

本康宏史「「軍都」金沢と遊廓社会」（佐賀朝・吉田伸之編『シリーズ遊廓社会2　近世から近代へ』吉川弘文館、二〇一四年）
村尾泰『金沢の玩具』北国出版社、一九七〇年
和辻哲郎「神功皇后について」（『中央論壇』一九二一年一〇月号、『全集』二三巻、岩波書店、一九九一年）
牧原憲夫「文明開化」（『岩波講座　日本通史』一六巻、一九九四年）
リチャード・W・アンダーソン「征韓論と神功皇后絵馬―幕末から明治初期の西南日本―」（亀井好恵訳、『列島の文化史』一〇号、一九九六年）
原武史『皇后考』講談社、二〇一五年
米沢弘安日記編纂委員会編『米沢弘安日記』上・中・下・別巻、金沢市教育委員会、二〇〇一～〇四年
青木秀男・近藤敏夫『金沢象嵌職人の生活世界―都市旧中間層にみる〈民衆的近代〉』社会理論・動態研究所、二〇一八年
本康宏史編著『古地図で楽しむ金沢』風媒社、二〇一七年
小野芳朗・本康宏史・三宅拓也『大名庭園の近代』思文閣出版、二〇一八年

おわりに

近世の（城下町）金沢研究に比して、近代の金沢についての通史的叙述は、必ずしも充実した成果を積み重ねてきたとは言えません。もちろん、政治史や経済史、さらには個別の事件・事象に関しての研究は、そもそも近現代資料の圧倒的な量的優位を背景に、多くの報告や研究が編まれてきました。しかし、とくに近代金沢の社会・文化史的な叙述は、意外に少ないと思われます。本書の各章で示したように、金沢の近代文化は、一見「伝統文化」の装いをまといながら、内実、モダンな変質（あるいは、本質）を遂げてきたのではないでしょうか。こうした、やや屈折した、否、重層的な視点からこの地域の社会・文化史的展望が描けるのではないか。地域の資料や文献に何が、どう表現されているかを読み解けば、その資料を残し文化を担った人々の意図も、透けて見えるのではないかと考えたわけです。

本書は、具体的には、筆者が折々の機会に執筆させていただいた論考を、「百万石ブランド」をキーワードにまとめたものです。初出の際のタイトルと掲載誌及び掲載書は、各章各節の論考末に示しましたが、一般書としての体裁から、初出時の脚注は一部を除いて省略しました。必要があれば、それぞれの初出刊行物にて確認していただければ幸いです。いずれにせよ、ご関係の出版社、ならびに編集にご尽力いただいたみなさんに改めて感謝いたします。

さて、本書に掲げられた各テーマの多くは、実は『金沢市史』近代編の編纂を通じて、調査し、考察した成果です。実際、市史の原稿を改編・再録した章節もいくつかあります。この点、同部会の編纂責任を担って、「若手」をリードしていただいた橋本哲哉、故林宥一、奥田晴樹先生はじめ、近代部会の編纂メンバーに多くの示唆・教示を受けたことを改めて感謝します。

もちろん、その前提として、30年余にわたる石川県立歴史博物館での学芸員としての活動がなければ、豊富な資料を駆使した展示図録や紀要の論考をまとめることはできませんでした。いかにめぐまれた調査・研究環境にあったかを、いまさらながら痛感しています（本書に掲載した図版も、多くは同館の所蔵資料からご協力いただきました）。

以上のようなさまざまな事情で書き継いできた論考をまとめて、現今の出版をめぐる厳しい状況の中、能登印刷出版部より刊行させていただく運びとなった次第です。平素のご教示と併せて深謝いたします。なお、ほぼ「書き散らした」状態であった各論考を一定の構成に基づいてまとめ、それなりの体裁に整えていただいたのが、同窓の後輩でもある吉田智史さん。加えて、能登隆市相談役、能登健太朗社長を筆頭に、能登印刷出版部のみなさん、とりわけ歴代編集者の方々には、折々の企画で大変お世話になってきたこともこの機会に記しておきたいと思います。

ところで、本書の上梓にあたっては、秘かに、故浅香年木先生の『百万石の光と影―新しい地域史の発想と構築―』（能登印刷出版部、一九九八年）のような本になればよいと念じていました。『百万石の光と影』は、道半ばにして亡くなられた浅香先生の遺稿集の一冊で、地域史をめぐる、読みやすくて、しかし、多くの問題提起を含んだ、歴史エッセイの小品です。当然のことながら、内容のレベルや叙述の面白さには及ぶべくもありませんが、奇しくも、本書と同じく「百万石」のキーワードを冠しており、その意味するところは、中世と近代の違いはあるものの、同じ方向のベクトルを示したものと自負しています。

このように、本書をこのような形でまとめることが出来たのは、多くの方々にご教示・ご尽力いただいた所以であることはいうまでもありません。とりわけ各論考の作成のためにお世話になった方々（とくに資料のご所蔵者たち）に関しては、その都度感謝の意を表したつもりではありますが、あるいは記し漏れた方も多くあるに違いありません。この機会に、ご厚情の何分の一かでもお返しできたらと思い、改めて謝意を記す次第です。

二〇一九年二月

著　者

［著者略歴］
本康宏史（もとやす・ひろし）
一九五七年東京都生まれ。金沢大学大学院社会環境研究科学位取得。博士（文学）。日本近代史専攻。石川県立歴史博物館学芸課長を経て、現在、金沢星稜大学教授。著書に『石川県の歴史』（山川出版社、二〇〇〇年）、『軍都の慰霊空間』（吉川弘文館、二〇〇二年）、『からくり師大野弁吉とその時代』（岩田書院、二〇〇七年）、ＤＶＤＢＯＯＫ『昭和モダンの金沢加賀能登』（監修、能登印刷出版部、二〇一四年）などがある。

百《ひゃく》万《まん》石《ごく》ブランドの源流《げんりゅう》
モダンから見《み》た伝統文化《でんとうぶんか》

2019年4月10日　初版第1刷発行

著　者　本康宏史
発行者　能登健太朗
発行所　能登印刷出版部
〒920-0855
金沢市武蔵町7番10号
電　話　（076）222-4595
ＦＡＸ　（076）233-2559
ＵＲＬ　https://www.notoinsatu.co.jp/

印刷・製本　能登印刷株式会社

ISBN978-4-89010-747-6 C0021